아이가 유치원에 갑니다

아이가 유치원에 갑니다

초판 1쇄 발행 | 2018년 11월 26일
초판 2쇄 발행 | 2019년 1월 10일

지 은 이 | 김판수
펴 낸 이 | 정봉선
편집기획 | 권이준
편 집 장 | 황인옥
펴 낸 곳 | 정인출판사
주   소 | 서울시 동대문구 천호대로 16가길 4
전   화 | (02)922-1334
팩   스 | (02)925-1334
홈페이지 | www.pjbook.com
이 메 일 | junginbook@naver.com

등   록 | 1999년 11월 20일 제303-1999-000058호
ISBN | 979-11-88239-13-9 03370

* 책값은 뒤표지에 있습니다.

* 이 책에서 인용한 이미지의 저작권자의 사전 이용 허락을 얻지 못한 점 양해 부탁드립니다.
  추후에라도 저작권과 관련한 문의를 주시면 성실히 응하겠습니다.

아이가 유치원에 갑니다

엄마가 만드는 아이의 미래
{ 3세~8세까지 결정 된다 }

김판수 지음

정인

〈아이가 유치원에 갑니다〉 검토위원 명단

순	성명	소속
1	예성옥	전: 서울시성동광진교육지원청 교육장 / 현: 서울명지초등학교 교장
2	최희숙	전: 배재대학교 유아교육과 겸임교수 역임 / 현: 대전새싹나라유치원 원장
3	백경숙	배재대학교 유아교육과 교수 / 배재대학교 부속유치원 원장
4	조숙진	대덕대학교 유아교육과 교수 / 대덕대학교 부속유치원 원장
5	이은희	대전보건대학교 유아교육과 교수
6	류덕엽	전: 서울시북부교육지원청 초등지원과 과장 / 현: 서울양진초등학교 교장
7	김한라	전: 충남교육청 유아교육 담당 장학사 / 현: 세종특별자치시 연세유치원 원감
8	강지영	서울시북부교육지원청 초등지원과 장학사
9	강명화	제주특별자치도교육청 미래인재교육과 장학관
10	이정희	전: 인천동부교육지원청 유아교육 담당 장학사 /현: 인천시 논현유치원 원감
11	여양구	전: 대전광역시교육청 유초등교육과 담당 장학관 / 현: 대전흥도초등학교 교장
12	최철영	전: 대전광역시교육청 유초등교육과 담당 장학관 / 현: 대전성룡초등학교 교장
13	심락현	전: 강원도인제·속초교육지원청 중등담당 장학사 / 현: 강원도봉평중·고등학교 교장
14	최미경	대전가양유치원 원장
15	최인자	서울양천초등학교 교장
16	강미애	대전광역시교육청 유아교육 담당 장학관
17	박선엽	전: 전북유아교육진흥원 원장 / 현: 전북 임실 둥지유치원 원장

〈아이가 유치원에 갑니다〉 검토위원 명단

순	성명	소속
18	박현미	전: 경기도유아교육진흥원 교육연구사 / 현: 경기도 수원시 이의초등학교병설유치원 원감
19	박은주	부산구화학교 방과후부장교사
20	김정희	전: 경기도교육청 유아교육 담당 장학사 / 현: 경기도 성남시 은솔유치원 원감
21	김정숙	경북도청어린이집 원장 / 국립안동대학교생활복지학과 외래교수
22	양은숙	경상북도교육청 초등과 담당 장학사
23	박선자	대전가양유치원 원감
24	최향옥	충남 계룡시 신도초등학교병설유치원 원감
25	양수경	제주특별자치도 금호유치원 원장
26	최진홍	배재대학교 부속유치원 원감
27	김금순	대전옥계초등학교 교무부장
28	정희경	대전가장초등학교 교무부장
29	서울해피소통맘 학부모동아리회	
30	사단법인 더불어배움 좋은학교만들기 네트워크	

차례

들어가는 글

　자녀들은 출생 직후부터 배우기 시작합니다. 아기의 맨 처음 과목은 사랑임이 틀림없습니다. 아기가 사랑을 받지 못하면 불안정하게 됩니다. 보아달라고 울 때 무시당하면 아기에게 병이 날 수 있습니다. 감정적으로 보살핌을 받지 못하면 아기는 나머지 일생 동안 감정적으로 성장이 방해받게 될 수 있습니다. 이런 아이는 그 후 일생 동안 심리적으로 다른 사람들에게 깊은 애착을 느끼거나 어울릴 수가 없게 될 수도 있습니다.

　그렇다고 교육이 감정에만 국한되지 않습니다. 생후 처음 3년간, 어린 아이가 지닌 지적 잠재력은 대부분의 사람들이 알고 있는 것보다 훨씬 더 크다는 점입니다. 예를 들어 하나의 언어를 배운다는 것은 성인들에게 어려운 일이지만 두 가지 언어를 사용하는 가정에서 자라난 아기는 동시에 두 언어를 자연스럽게 배웁니다. 어린 아이에게 교육 환경이 비옥할수록 빨리 배운다는 점은 매우 중요합니다. 아이는 '스펀지'와도 같이 지식을 빨아들이기 때문입니다.

이는 부모가 출생 직후부터 아이를 가르치기 시작해야 함을 의미합니다. 최초의 3년이 가장 중요합니다. '아이가 유치원에서부터 배우기 시작하면 되지'라고 생각하는 부모가 있다면 그것은 잘못 생각하고 있는 것이죠!! 그때는 너무 늦을 수 있습니다. 심리학자이며 취학 전 아동 교육 지도자인 버어튼 화이트 교수는 이렇게 말합니다.

"아이가 처음 3년간 겪는 일이 그가 그 후에 얼마만큼 유능한 사람이 될 것인가에 직접적인 영향을 미친다고 믿는다. 이 기간에 아이가 제대로 보살핌을 받지 못한다면 유치원에 들어간다 해도 부족한 것들을 메꿀 수 있을 것 같지 않다."

화이트 교수는 자녀 교육에 가장 유능한 부모들은 "자녀들에게 지대한 사랑을 나타내고, 도움이나 위로를 바라는 것이든, 열중하는 일에 동조해 달라는 것이든, 자녀들의 요청에 예리한 반응을 보이는 한편, 단호하면서도 유능한 훈육을 베푸는 사람"이라고 말합니다.

"가정은 사회의 가장 기본적인 단위이다. 가정생활의 강약에
따라 전체 문명이 존속하거나 사라지는 일이 있었다."

–「월드 북 백과 사전」(1973년판) –

가정은 사회의
가장 기본적인 단위

가정은 사회의 가장 기본적인 단위

코메니우스의 교육 철학

탄생과 감동, 그리고 아이의 성장~!!

가정은 사회의 가장 기본적인 단위

"가정은 사회의 가장 기본적인 단위이다. 가정생활의 강약에 따라 전체 문명이 존속하거나 사라지는 일이 있었다."

－「월드 북 백과 사전」(1973년판)

가정은 자녀를 보호하는 일종의 우산이다. 오늘날 곳곳에서 그 우산은 구멍투성이고 그런가하면, 그 우산이 아예 접혀져 기능을 하지 못하기도 한다. 전통 가정은 흔히 구태의연하다고 생각하고 있으며, 어이없게도 텔레비전에서 종종 아버지는 우둔하고, 어머니가 조금 낫고, 자녀들이 가장 똑똑한 것으로 묘사되기도 한다.

여러 해 전, 노벨상 수상자 알렉시스 카렐은 저서 『인간, 그 미지의 것(Man, the Unknown)』에서 이렇게 경고했다.

"현대 사회는 가정교육을 전적으로 학교교육으로 대치하는 심각한 과오를 범하였다. 어머니들은 직업, 사회적 야망, 오락, 문학적 · 예술적 취향에 관심을 쏟기 위해 혹은, 단순히 영화를 관람하고, 쓸데없이 바쁜 일로 시간을 낭비하기 위해 자녀를 유치원에(이제는 더 어린 나이에 유아원에) 맡긴다. 그런 어머니들 때문에 어린이가 어른들과 계속 접하고 어른들로부터 많은 것을 배우는 가족 그룹 즉 대가족으로부터 얻는 가정교육이 사라진다."

또한 요즘 사회는 좀처럼 혼자 벌어서는 생활하기 어려울 정도로 소비가 늘어나면서 맞벌이를 위해 어쩔 수 없이 아이를 맡겨야 하는 현실도 있다.

보다 최근에 코미디언 스티브 앨런은 텔레비전이 상스러운 말과 성적 부도덕 투성이로 가정을 공격하는 것에 대해 평하였다. 그는 이렇게 말한다.

"그런 공격적 흐름은 우리를 바로 시궁창으로 몰고 간다. 부모가 자녀에게 사용하지 말라고 하는 바로 그런 부류의 말이 현재 억제되지 않는 케이블 방송 뿐 아니라 한때 고상하게 여겨진 공중파 방송국들의 영향이 크다. 저속한 말을 사용하는 어린이와 그 외의 사람

들을 묘사하는 텔레비전 프로그램들은 가정의 붕괴를 드러낼 뿐이
다."

사회는 이제 후손에게 어떤 유산을 물려주고 있는가? 신문을 읽
어 보고, 텔레비전을 보고, 저녁 뉴스를 들어 보고, 랩 음악에 귀기
울여 보고, 주위 어느 곳이든 성인들의 모습을 살펴보면. 어린이는
정신적으로나 감정적으로 마치 불량식품을 잔뜩 먹고 있는 것과 같
다. 영국의 전임 교육부 장관 키스 조지프 경은 "사회를 망쳐 놓는
길은 어린이를 타락시키는 것이다."라고 하였다. '타락시키다'는 말
은 올바른 길에서 벗어나 나쁜 길로 빠지게 하는 것을 뜻한다.

오늘날 그렇게 타락시키는 행위가 범람하고 있다. 어느 시대를 막
론하고 문제와 우려가 없던 시대는 없었다. 그러나 오늘날과 같은
정도로 자녀를 바르게 양육하기에 어렵고 심각한 힘든 시기는 없었
다. 그래서 필자는 가장 존경하는 학자들 중 근대 교육의 창시자인
코메니우스의 일대기를 요약하면서 그의 교육 철학을 통해 현재의
교육을 바라보고 미래의 교육을 조망하면서 어떻게 교육을 바라볼
것인지를 소개하고자 한다.

코메니우스의 교육 철학

코메니우스 – 근대 교육의 창시자

교사인 존 코메니우스는 자신이 교직에 종사하고 있던 17세기 학교 제도의 결점을 잘 알고 있었다. 사실 어떠한 교육 제도도 완벽한 것은 없었지만 17세기 유럽의 학교 제도는 너무나 형편없었다.

코메니우스는 뒷전에서 불평이나 비난을 퍼부을 것이 아니라 그 문제에 대해 행동을 취하기로 결심하였다. 그가 취한 행동과 그와 같이 행동한 이유는 무엇일까? 더욱이, 우리는 근대 교육의 창시자라고 불리는 이 사람에게서 무엇을 배울 수 있을까?

존 에이머스 코메니우스(그의 모국어인 체코어로는 'Jan Amos Komenský, 1592-1670 얀 아모스 코멘스키')는 1592년 3월 28일 오늘날 체코 공화국으로 알려진 나라에 있는 지역인 모라비아에서 태어났다. 그는 농민 계층인 꽤 유복한 부부의 다섯 자녀 가운데 막내이자 외아들이었다.

"정신의 도살장"

코메니우스는 대학 예비 학교인 레슈노 중등학교에서 라틴어를 가르치는 일자리를 얻었다. 하지만 얼마 안 되어, 그는 그 어설픈 교수법에 불만을 갖게 되는데 거기에는 그럴 만한 이유가 있었다.

코메니우스 시대의 학교 제도는 개탄할만한 상태였다. 예를 들면 단지 남자들만이 교육을 받을 가치가 있다고 생각하거나 가난하게 태어난 남자 아이들은 아예 교육 대상에서조차 제외되었다. 교실 수업은 주로 라틴어 단어와 문장과 구문을 학생들의 머릿속에 주입하는 것으로 이루어졌다.

그 이유가 무엇일까? 중세의 학교 대부분이 라틴어로 예배 의식을 집전하는 가톨릭교회의 관할 아래 있었기 때문이다. 그러므로 라틴어를 가르치는 것은 사제가 될 인력을 계속 확보하는 데 필수적인 일이었다.

게다가 구체적인 학습 목표를 세우는 일은 안중에도 없었고, 수업 방식도 단순한 개념에서 복잡한 개념으로 점진적으로 학생들을 지도하게 되어 있지 않았다. 훈육은 엄하여 때로는 가혹할 정도였으며, 도덕적인 분위기를 넘어 삼엄하기까지 하였다.

따라서 스코틀랜드의 교육가인 사이먼 로리가 한때 17세기의 학교들을 가리켜, "절망적일 만큼 주먹구구식"이고 "전혀 재미가 없는 곳"이라고 묘사한 것도 놀라운 일이 아니다. 코메니우스는 훨씬 더 날카로운 지적을 하였다. 그는 학교들을 "정신의 도살장"이라고 불렀다.

새로운 교수법의 등장

코메니우스가 교육 개혁의 필요성을 부르짖은 최초의 인물은 아니었다. 영국에서 이미 프랜시스 베이컨이 라틴어에 중점을 둔 교수법을 비난하면서 자연에 대한 학습으로 돌아갈 것을 제안하였다. 독일의 볼프강 라트케와 요한 발렌틴 안드레에를 비롯한 여러 사람들도 개선을 시도하였다. 하지만 이들은 모두 자신의 이념에 대한 공식적인 후원을 얻어 내지 못하였다.

코메니우스는 학습을 고역이 아니라 재미있는 일로 만드는 체계를 고안하였다. 그는 자기가 만든 교육 계획을 '팜페디아(Pampedia)'라고 불렀는데, 이 말은 "범세계적인 교육"이라는 뜻이다. 그의 목표는 누구나 다 즐길 수 있는, 점진적으로 가르치는 체계를 확립하는 것이었다. 아이들은 초보적인 개념에서부터 좀 더 복잡한 개념으로 자연스럽게 이어지는 점진적 단계를 거치며 가르침 받아야 한다고 그는 말하였다. 또한 코메니우스는 학교에서 첫 몇 해 동안은 라틴어보다 모국어를 사용할 것을 장려하였다.

하지만 교육은 청소년기에 국한된 것이어서는 안되고 인생행로 전체를 포함하는 것이어야 한다고 하였다. 코메니우스는 공부가 "매우 실용적이고 아주 즐거운 것이 되어 학교를 진짜 놀이터, 즉 우리의 삶 전체의 유쾌한 서막으로 만들 정도가 되어야 한다"고 말한다. 그는 또한 학교는 단지 정신 교육만이 아니라 전인(全人) 교육에도 관심을 쏟아야 하므로, 즉 도덕적 가르침이 포함되어야 한다고 믿었다.

존 코메니우스의 저작물

교수법 분야에서 코메니우스가 발표한 첫 저작물은 1630년에 발행된 『유아 학교(The School of Infancy)』였다. 『유아 학교』는 가정에서 어머니들과 유모들이 자녀를 가르칠 때 보조서로 사용하도록 저술되었다. 이어서 1631년에는 『열려진 언어의 문(The Gate of Languages Unlocked)』이 발행되었는데, 이 책은 사실상 라틴어 교수법에 혁명을 일으켰다. 이 책에는 나란히 놓인 두 개의 난에 각각 체코어와 라틴어 본문이 기록되어 있었다.

코메니우스의 저작물 가운데 가장 유명하면서도 아마 가장 간단한 저작물은 삽화가 들어 있는 아동용 읽기 안내서인 『보이는 세계(The Visible World)』일 것이다. 이 책 역시 교육 역사상 획기적인 작품이었다. 1906년에 스탠포드 교육대 학장을 지낸 엘우드 커벌리는 그 책이 "유럽에서 115년 동안 경쟁 상대 없이 독보적인 자리를 차지하였으며, 거의 200년 동안 초급 교과서로 사용되었다."고 했다. 오늘날 삽화가 들어 있는 교과서 가운데 상당수는 사실상 여전히 코메니우스의 저작물의 일반적인 형식을 따르면서, 가르치는 보조물로 삽화를 사용하고 있다.

코메니우스는 곧 천재로 각광을 받게 되었다. 유럽 전역에서 학자들은 그를 지도자로 여기고 그의 조언을 구하였다. 『마그날리아 크리스티 아메리카나Magnalia Christi Americana』라는 책에 따르면, 코메니우스는 명성이 자자해지면서 1654년에는 매사추세츠 주의 케임브리지에 있는 하버드대학교의 총장으로 취임해 달라는 요청을 받기에 이르렀다. 하지만 코메니우스는 거절하였는데, 그가 명예나 영광이나 높은 지위를 추구하고 있지 않았기 때문이다.

그의 동기는 무엇이었는가?

코메니우스의 생애를 살펴보고 나면 그가 그런 일을 한 동기가 무엇이었는지 궁금해지지 않을 수 없다. 코메니우스는 교육을 인류를 단결시키는 힘으로 보았다. 그는 범세계적인 교육이 세계 평화를 유지하는 데 도움이 될 수 있다고 주장하였다.

교육에 대한 코메니우스의 통찰력은 오늘날에도 여전히 효과적이다. 시각 보조물을 사용하는 것을 포함한 그의 체계적인 교수법은 현재 전 세계적으로 사용되고 있다.

"학생들은 자신의 나이와 이해력과 현재 상태에 맞지 않는 내용으로 지나친 부담을 받아서는 안된다."고 코메니우스는 말한다. 그러므로 자녀에게 과목을 가르칠 때에는 자녀의 연령에 맞게 재구성하여 가르치도록 노력해야 한다. 딱딱한 문답식 방법을 사용하기보다는 자녀에게 상상력을 발휘해 보도록 도와주어야 한다. 그런 노력이 보다 확실하고 유용한 가치가 있을 것이다.

영속적인 유산

1656년에 레슈노시 전체가 화염에 휩싸였을 때 코메니우스는 가지고 있던 것을 거의 다 잃었다. 하지만 감사하게도 그는 또 다른 종류의 부를 뒤에 남겼다. 『간략한 교육 역사(A Brief History of Education)』라는 책은 이렇게 알려 준다.

"코메니우스는 수업의 전체적인 중점을 언어가 아니라 사물에 두도록 전환하였고, 과학적인 지식과 유용한 세계적인 정보에 대해 가르치는 것을 자기 저작물의 기본 방침으로 삼았다."

과연 코메니우스는 가르치는 일을 좀 더 과학적인 학문으로 바꾸어 놓은 데 대해 공로를 인정받을 만하다. 그의 교수법은 사실상 교실에 혁명을 일으켰다. 1902년 컬럼비아 대학 총장이며 1931년 애덤스와 함께 노벨 평화상을 수상한 니콜라스 버틀러(Nicolas Murray Butler)는 "교육의 역사에서 코메니우스가 차지하는 자리는 대단히 중요한 의미를 지닌다. 그는 유초등·중등 교육 분야의 모든 근대 운동을 선도했을 뿐만 아니라 주도한 인물이다."라고 말하였다. 필자는 존경하는 코메니우스의 교육의 철학과 정신을 최대한 반영하고 적용하고자 노력하면서 이 책을 쓰기 시작했다.

부모의 자녀 교육은 과거 그 어느 때보다도 힘들어지고 있다. 그런 만큼 과거와는 다른 자녀 교육 방식을 고민해야 할 때이다. 특히 아빠의 역할이 그 어느 때 보다도 소중하고 중요한 시대임을 강조하면서 이 책이 도움이 될 수 있기를 간절히 바라며 많은 독자가 이 책을 읽고 행복한 4차 산업 혁명의 시대를 살아갈 경쟁력을 갖춘 건강하고 밝은 가정과 소중한 자녀 교육에 도움이 되기를 다시한번 바란다.

탄생과 감동, 그리고 아이의 성장~!!

"기대가 되기도 하고 한편으로는 잘 키울 수 있을까 두렵기도 하다."

어떤 엄마도 이 고민에서 피해 갈 수 없을 것이다. 눈에 넣어도 아프지 않을 것 같은 소중한 내 아이, 어떠한 말썽을 저질러도 이해하고 보듬어 안아주고 싶지만 아이의 미래를 생각하면 때로는 단호하게 엄격한 엄마의 모습을 보여줘야 할 때도 있고, 아이에게만은 천사 같은 따뜻한 엄마가 되어 주고 싶지만, 때론 회초리를 들어야 할 때도 있을 것이다.

부모가 된다는 것은 인생에서 가장 행복한 첫 발자국을 내딛는 것이다. 그리고 부모가 된 그 순간부터 단 하루도 마음 편할 날이 없는 고민과 불안과 기대와 설렘이 교차하는 나날이 될 것이다. 특히 아이가 갓 태어났을 때는 일주일 내내 밤낮을 가리지 않고 24시간 항시 긴장 속에 대기 상태에 있어야 하고, 아이가 십 대에 사춘기에 접어들면 또다시 상상한 이상의 비상사태가 찾아올지도 모른다. 마음 졸이며 나의 인생은 없는 것처럼 아이에게 올인 하지만 정성을 다한 만큼 어떤 대가를 언제 받게 될지 알 수도 없다. 하지만 이런 현실에도 불구하고, 부모가 된다는 것은 인생에서 가장 행복하고 보람을 느끼는 과정이 될 것이다.

모르고 키우는 것과 알고 키우는 것, 더 나아가 '정확히 알고 키우는 것'은 완전히 다르다. 모르고 키운다면 경험하지 않아도 될 상처와 고통, 그리고 되돌릴 수 없는 후회가 밀려올 것이다. 알고 키운다면 모르고 키우는 것보다는 낫겠지만 시행착오들을 경험할 것이다.

부모로서의 생활은 더 풍부해지고 더 행복해져야 한다. 그러나 아이의 출생은 일종의 도전이며 부모가 그 도전을 받아들여야 가장 훌륭한 결과를 낼 수 있다. 자녀를 출산하는 데는 부모 양쪽이 필요하며 출생 이후 아이의 양육에도 부모 두 사람의 역할은 매우 중요하다. 부모 각자의 역할과 이러한 역할들이 어떻게 조화될 수 있는가를 이해해야 한다. 그래야만 아이가 필요로 하는 것을 충족시키고 행복한 결과를 내는 데 크게 도움이 될 것이다. 생각은 논리적이 되려고 하는데도 감정 때문에 균형을 잃는 경우가 많을 것이다. 너무 등한시 했다가 다음에는 정도에 지나쳤다가 다시 등한시 해지는 등

극단으로 흐르는 경향이 있을지 모른다. 엄마가 자녀들의 훈육에 참여하는 것은 당연한 일이지만 아빠를 제쳐두고 이런 의무를 떠맡으면 아이의 성장에 균형을 이루는데 문제가 된다.

연구에 의하면 아이의 두뇌는 아주 활동적이며, 아이의 촉각, 청각, 시각 및 후각을 자극하면 정신적 발육이 촉진된다. 아이는 젖을 먹을 때 엄마 피부의 온기와 체취를 느끼게 된다. 아이는 엄마의 젖을 빨면서 거의 끊임없이 엄마의 얼굴을 바라본다. 아이는 엄마가 말하거나 노래할 때 그 목소리만이 아니라 엄마의 배 안에 있을 때 들었던 엄마의 심장 고동 소리도 듣게 된다. 동공의 활동이 두뇌의 활동 상태를 나타내 주는 것이 분명하기 때문에 많은 피부 자극과 접촉—젖을 먹이는 것과 관련된 적지 않은 접촉이 정신적 활동을 자극하고 결국 성인이 되었을 때 더 큰 지적인 능력을 가질 수 있게 한다.

그러므로 엄마가 아이를 들어서 꼭 껴안거나 목욕을 시키고 몸을 닦아 주는 등 아이가 엄마와 자주 접촉할 때 아이가 받는 자극은 아이의 장래 발육과 사람됨에 중요한 영향을 준다. 밤에 일어나서 우는 아이를 달래는 데 시간을 보내는 것이 즐거운 일은 아닐지 모르지만 그 후에 받는 유익 즉 성장 후에 아이에게 형성되는 인격과 성품은 수면 부족 이상의 가치를 보상해 줄 것이다. 이러한 중요한 육

아에 아빠가 적극적으로 함께 참여할 때 그 효과는 매우 만족스러운
결과를 갖게 된다.

[그림 1] 아빠가 참여하는 유아교육

"세상을 대하는 아이들의 성향은 세 살 전에 받는 양육의 정도에
크게 좌우되며, 그것은 이어서 신경 발달에, 그리고 문제를 창조적
으로 해결하는데 필요한 자녀의 자신감과 능력에 영향을 미친다."

윗 글은 토론토의 〈글로브 앤드 메일(The Globe and Mail)〉지의
보도 내용이다. 경제적으로, 사회적으로 침체된 환경에서 살아가는
어린이들은 생산적이고 잘 적응하는 성인으로 자랄 기회가 적다. 캐

나다 고등연구학회의 회장인 프레이저 무스타드 박사에 따르면, 이런 아이들일수록 학교를 중퇴하거나 문제를 폭력으로 해결하려는 경향이 더 짙게 나타난다고 하였다.

" '문제를 처리하는 기술을 얼마나 잘 발전시켜 왔는가'가 사회에 적응하는 능력에 지대한 영향을 미친다."고 프레이저는 말하였다. 예일대학교와 몬트리올 대학교에서 실시한 연구 결과를 보면 "부모가 자녀와 의미 있는 접촉을 하면, 어린이의 신체, 인지(認知), 정서의 발달에 큰 유익도움이 된다"는 사실을 보여주고 있다.

탄생과 감동, 그리고 아이의 성장~!!

"아빠가 아이에게 가르쳐야 할 것은 포괄적이다. 정원의 꽃들, 공중의 곤충, 나무 위의 새나 다람쥐, 해변가에 있는 조개껍질, 산에 있는 솔방울, 밤하늘에 반짝이는 별들… 아빠는 이 모든 놀라운 것들의 의미를 자녀에게 해석해 주어야 한다. 이러한 노력을 하는 아빠는 아이의 정신과 마음에 미래를 위한 가장 중요한 기초를 놓을 수 있다."

아빠의 중요한 역할 I

아빠의 중요한 역할 I

유아 시절의 초기에 엄마가 아이의 생활에서 아주 중요한 역할을 하는 것은 당연한 일이다. 그러나 아이의 출생 이후 아빠도 아이의 세계의 일부가 되어야 한다. 아이가 아직 어릴 때에 아빠는 때때로 아이를 돌보고, 함께 놀고, 아이가 울 때 달래는 등 관심을 보여야 한다. 이와 같이 하여 아빠는 아이의 생각 속에 깊이 자리를 잡게 된다. 시간이 흘러가면서 아빠의 역할은 점차 그 비중이 더 커져야 한다. 아빠가 너무 늦게 관심을 보이면 그것이 아이와의 관계성 형성에 부정적인 영향을 주며 문제의 시발점이 될 수 있다.

특히 아이가 십 대가 되었을 때 그 문제가 표면화될 수 있으며 상황에 따른 적절한 훈육이 필요할 때 어렵게 된다. 십 대에 접어든 사춘기의 아이들은 특히 아빠의 도움을 필요로 한다. 그러나 전에 좋은 관계가 확립되지 않았다면 여러 해 동안에 형성된 간격이 몇 주일 내에 좁혀질 수는 없다.

남자 아이거나 여자 아이거나 아빠의 남성적 특성은 그 아이가 원만하고 균형잡힌 개성을 발전시키는 데 중요한 역할을 할 수 있다. 엄마가 나타내는 따뜻함, 부드러움, 동정심 등과 더불어 아빠는 안정성 있는 영향력 즉, 강력하고 현명한 지도성을 기르는 역할을 할 수 있다. 아들이 있다면 아빠의 올바른 가치관과 훈육으로 인하여 아이가 자라서 유약하고, 결단성 없는 사람이 될 것이냐 아니면 남자답고, 꾸준하고, 확신있고, 용기와 책임을 떠맡으려는 자신감을 보이는 사람이 될 것인가를 결정하는 데 많은 영향을 줄 수 있다.

아들인 경우 결국 아빠의 양육방식이 엄하고, 비논리적이고, 거친 형태 혹은 균형잡히고, 분별력 있고 친절한 형태가 되느냐에 영향을 미칠 수 있다. 가정에 딸이 있을 때 딸에 대한 아빠의 영향력과 아빠와의 관계는 남성에 대한 그 딸의 전체적인 가치관에 영향을 미칠 수 있으며 장래의 결혼생활의 성공에 기여하거나 방해할 수 있다. 이러한 아빠의 영향력은 유아시절부터 미치기 시작한다.

아빠가 아이에게 가르쳐야 할 것은 포괄적이다. 정원의 꽃들, 공중의 곤충, 나무 위의 새나 다람쥐, 해변가에 있는 조개껍질, 산에 있는 솔방울, 밤하늘에 반짝이는 별들… 아빠는 이 모든 놀라운 것들의 의미를 자녀에게 해석해 주어야 한다. 이러한 노력을 하는 아빠는 아이의 정신과 마음에 미래를 위한 가장 중요한 기초를 놓을 수 있다.

훈육하는 일도 아빠가 수행해야 할 역할의 일부이다. 그러나 아빠는 극단에 이르지 않고, 짜증나게 하거나 심지어 괴롭힐 정도로 과도하게 시정하지 않고, 이 일을 해야 한다. 때로는 아이의 행동에 제한이 필요하지만 때때로 벌칙이 무겁고 벅차거나 용기를 잃게 할 정도로 벌칙을 늘리거나 확대되는 지나친 의욕을 경계해야 한다.

부가적인 규칙을 만들면 문제가 해결될 수 있다고 생각하는 것도 일종의 자녀를 잘 양육하겠다는 지나친 의욕에서 시작된 인간적인 약점이다. 그러나 실제 경험에 의하면 자녀의 마음에 얼마나 아빠가 좋은 기억으로 차지하고 있는가가 진정한 열쇠이다. 예를 들면 아이에게 아빠의 말을 잘 듣게 되면 좋은 경험을 하게 된다는 좋은 기억을 만들어 주는 것이다.

"만일 상점이나 공공장소에서 문을 열고 지나갈 때 뒤에 오는 사람이 올 때까지 잠시 문이 닫히지 않도록 문을 잡고 기다려 준다면 뒤에 오는 사람이 무척 고마워하고 너를 칭찬하게 될 거야!" 라고 교육한 뒤 실제 그런 경험을 할 기회를 만들어 준다면 아이는 그 경험을 통해서 자신이 가치 있는 사람이라는 소중한 작은 경험을 쌓을 기회를 갖게 될 것이다.

이와 같이 소중한 작은 성공을 여러 번 쌓을 때 앞으로 큰 성공도 하게 될 것이기 때문이다. 또한 아빠와의 좋은 관계와 신뢰는 아이의 성장에 긍정적인 영향을 줄 것을 확신한다. 그러므로 너무 많은 규칙을 정하기보다는 오히려 좋은 관계를 만들기 위한 노력과 원하는 방향과 목표를 점차적으로 적용하고 습관이 되어 가도록 하는 것이 자녀의 성장에 도움이 되고 바른 성품으로 자라게 할 것이다.

아빠와 엄마는 협조자이다

　아빠는 보통 가족을 부양하기 위해 생활비를 벌어들이며 직장에서 집으로 돌아올 때 피곤을 느낄지 모른다. 그 외에도 해야 할 다른 책임들이 산더미처럼 있을지 모른다. 그러나 아내와 자녀들을 위해 시간을 내야 한다. 가족과 소통을 해야 하며 가족 활동, 오락이나 여행을 위해 시간을 따로 내야 한다. 이렇게 할 때 가족 유대가 증가된다. 자녀들을 낳기 전에는 남편과 아내가 집 밖에서 많은 시간을 보냈을지 모른다. 어른들과 마찬가지로 아이들도 기본적으로 안정되고 규칙적인 생활을 하는 것이 매우 중요하다. 기본적인 안정성과 규칙성은 정신적, 신체적, 감정적인 건강에 기여하기 때문이다.

　아빠와 엄마는 자녀들을 양육하고 가르치고 그들에게 한계를 정하고, 아이를 훈육하고, 사랑하는 데 협조해야 한다. 만일 아이의 잘못으로 훈육이 필요하다면 부모들은 앞으로 하게 될 훈육에 대해 논의하는 것이 중요하다. 그렇게 할 때 훈계와 관련하여 어떤 불일치가 있다는 것을 자녀들에게 보이지 않을 수 있기 때문이다. "나는 당신이 화를 낸 이유를 이해해요. 나도 그렇게 했을 거예요. 하지만 당신이 미처 생각하지 못한 점이 있어요. 그것은 ……" 그리고 나서 소홀히 다루어진 점을 자세하고 친절하게 전달하고 훈계를 하면 가정교육을 받는 아이 앞에서 분열이나 불일치를 나타내지 않고 아이에게 좋은 영향력을 끼칠 수 있다.

어떤 때는 자녀를 훈육하는 일을 아내가 할 일로 생각하는 남편들이 있다. 혹은 반대로 아내는 '아빠가 집에 오시기만 해봐라'라고 잘못한 아이를 단지 위협하기만 할지 모른다. 그러나 가정이 행복하고 부모가 자녀들의 사랑과 존경을 받으려면 그 의무를 함께 수행해야 한다는 원칙을 적용하기 위해 노력을 해야 한다.

아이는 이 점에 있어서 부모들의 협동과 책임을 지려는 각자의 자발성을 볼 수 있어야 한다. 허락을 구하는 자녀에게 아빠가 항상 "엄마한테 가서 물어 봐"라고 하거나 엄마는 결정을 항상 아빠에게 도로 미룬다면 "안돼"라고 대답해야 하는 쪽은 악역을 하는 것이 될 것이다. 부모는 결코 자녀가 자기 목적을 달성하기 위해 부모가 서로 반대하도록 함정에 빠뜨리는 일을 허용해서는 안 된다. 또한 현명한 아내는 경쟁적인 방법으로 함께 권위를 행사하거나 응석을 받아 줌으로써 남편을 제쳐놓고 자녀의 애정을 더 많이 차지하려고 하지 않도록 경계해야 할 것이다.

사실상 가족이 결정을 내리는 데 있어서 아빠는 가족의 전반적인 복지와 관련된 문제들을 결정할 책임을 가지고 있으며, 종종 이러한 문제들을 다른 가족들과 논의하고 가족이 원하는 바와 기호를 고려한 후에 결정하게 된다. 엄마는 또 다른 여러 가지 가정 문제와 관련된 결정을 내릴지 모른다. 자녀들이 성장하면 노는 장소, 옷을 선택하는 문제 혹은 어떤 다른 개인적인 일 등과 관련하여 스스로 결정을 내리도록 어느 정도 허용될 수 있다.

그러나 원칙을 따르는지, 자녀들의 안전이 위협을 받지나 않는지 그리고 다른 사람들의 권리가 침해되지 않는지 알아보기 위하여 부모들이 충분한 관심을 보이고 있어야 한다. 이런 일을 통해 아이는 점차적으로 결정하는 일을 시작할 수 있기 때문이다.

부모의 역할은 가정에 행복한 분위기를 조성하는 것이다. 자녀들이 그런 분위기를 느낀다면 부모에게 말하기를 두려워해서 의문점이나 잘못을 아이의 마음속에 쌓아 두는 일이 없을 것이다. 아이들은 부모와 대화를 할 수 있고 부모가 이해해 줄 것이며 문제들이 합리적이며 사랑으로 처리될 것을 안다. 가정은 보호처일 뿐만 아니라 안정감을 주는 곳이 될 것이다. 부모의 애정은 자녀들의 자존감을 향상시키고 풍성하게 해줄 것이다.

우리는 스펀지를 식초 속에 넣고 그것이 물을 흠뻑 빨아들이기를 기대할 수 없다. 스펀지는 단지 그 주변에 있는 것을 흡수할 수 있을 뿐이다. 스펀지를 식초가 아닌 물 속에 넣었을 때만 물을 흡수할 것이다. 자녀들도 그들의 주위에 있는 것을 흡수한다. 그들은 자기 주위에 있는 사람들의 태도를 살피며 그들 주위에서 행해지는 일들을 관찰하고 스펀지처럼 그것을 흡수한다. 자녀들은 부모의 감정이 신경질적인 긴장 상태인지 푸근한 평온감인지 알아차린다. 아주 어린 아이들도 가정 분위기의 특성을 흡수하기 때문에 분위기는 매우 중요하다.

아빠와 엄마는 협조자이다

다음과 같이 자문해 보자.

✅ 나는 자녀가 어떤 수준에 도달하기를 기대하는가?

✅ 부모인 우리 두 사람은 그 수준에 도달하고 있는가?

✅ 나의 가정은 어떤 점을 아이에게 보여주고 있는가?

✅ 나는 아이를 위하여 어떤 종류의 모범을 보이는가?

✅ 나는 불평하고, 흠을 잡고, 다른 사람을 비평하고, 항상 소극적인 면만 생각하는가?

✅ 나의 자녀들도 그러기를 원하는가? 아니면 나는 가족을 위한 바른 가치관을 가지고 있으며, 그러한 표준에 따라 살고, 나의 자녀들도 그러하기를 기대하는가?

✅ 나의 자녀는 가정과 밖에서 바른 행동을 해야 한다는 것과 어떤 행동과 태도가 바르지 않은지를 이해하고 있는가?

자녀들은 밀접한 관계로부터 오는 안전을 느끼기 원하기 때문에 자녀들이 가족의 표준에 도달할 때는 인정하고 있음을 느끼게 해야 한다. 사람들은 자기자신에게 기대하는 대로 살려는 경향이 있다. 당신의 자녀를 나쁘게 평가하면 아이는 아마 그렇게 될 것이다. 자녀에게 좋은 것을 기대하고, 아이가 그에 따라 살도록 격려할 필요가 있다.

들은 말보다는 행동으로 평가된다. 자녀들도 역시 말보다 행동에 더 많은 관심을 기울일 수 있으며 아이들은 종종 어떤 위선을 탐지하는 데 민감할 경우가 많다. 너무 말을 많이 하면 자녀들이 혼동을 일으킬 수 있다. 따라서 부모의 말이 실제 행동에 의해서 뒷받침되도록 노력해야 한다.

사랑받는 아이 !!!

아이가 사랑을 받는 것은 아이의 정서적인 발달에 매우 중요하다. 아이는 사랑을 받고, 사랑에 노출됨으로써 사랑을 배운다. 엄마는 자리에 있는 아이에게 몸을 굽혀 손을 아이의 가슴 위에 놓고, 아이의 얼굴 가까이 얼굴을 대고 아이를 가볍게 흔들면서 '까꿍! 까꿍!' 이라고 말한다.

물론 아이는 그 말을 알아듣지 못한다. 사실상 그것은 아주 비논

아빠와 엄마는 협조자이다

리적인 말과 행동이다. 그러나 아이는 즐거워서 몸을 움직거리며 까르륵거린다. 왜냐하면 아이는 장난기 있는 손과 그 목소리의 음조가 자기에게 분명히 '너를 사랑해! 너를 사랑해!'라고 말하는 것임을 알기 때문이다. 이러한 것들을 통해 아이는 믿음과 안전을 느낀다.

사랑을 받는 갓난아이들과 어린아이들은 그것을 인식하며 그러한 사랑을 본받아 사랑을 표현하고, 엄마의 목을 고사리같은 손으로 두르고 열정적으로 뽀뽀를 한다. 아이들은 그 결과 엄마로부터 그들이 거둔 진심에서 우러나오는 감정적 반응을 기뻐한다. 그들은 사랑을 받는 것만이 아니라 주는 데서도 행복이 있으며, 사랑을 줌으로써 그에 따른 사랑이 다시 배가되어 돌아온다는 중요한 교훈을 배우기 시작한다. 초기에 엄마에 대한 애착을 느끼지 않으면 후에 그 아이가 다른 사람에게 깊은 애착을 느끼거나 사람을 대하는 것이 매우 어려울 수도 있다.

아이들은 출생 직후부터 배우기 때문에 처음 몇 년간은 매우 중요한 때이다. 그 기간에 엄마의 사랑은 매우 중요하며. 좋은 엄마가 되는 것은 여자에게 있어 가장 도전적이고 가치있는 것에 속한다. 그에 따르는 어려움과 요구 조건이 많지만 중요성과 지속적인 만족을 주는 면에서 세상에 어떤 "직업"도 그와 비길 수 없다.

내 아이는 다른 아이와는 유전의 형질부터 다르다

주변 엄마들이 아이를 키워본 경험으로 얘기하는 '이렇다더라'라는 식의 양육방식과 스타일을 모방하는 수준이라면 시행착오를 피해 갈 수 없을 것이다.

아이는 모두가 같은 프로그램을 적용하여 만들어진 로봇이 아니기 때문이다.

[그림 2]
https://blog.naver.com/aaa622/220291926155

내 아이의 기질과 특성에 대해서 완벽할 수는 없지만 가능한 정확하게 알고 키운다면 아이도 엄마도 행복할 것이다.

경험도 부족하고 양육에 대한 지식도 적은 내가 어떻게 소중한 내 아이를 잘 자라게 할 수 있을까?? 늘 고민하지만 주변에 들리는 아이를 키워본 선배, 또래 엄마들의 경험이나 교육서에 의존하는 방법 외에는 특별히 떠오르는 생각은 없다. 자녀 교육은 말처럼 하루아침에 이루어지는 것도 아니고 생각처럼 간단하지도 않다. 다양한 교육 지침서들이 있지만 적용이 만만하지도 않다.

그래서 어려운 것이 교육이다. 아이와 부모가 긴 시간에 걸쳐 함께 느끼고 성장하는 과정이 있어야 비로소 길이 보이기 시작하는 것이다. 그러므로 그때그때 성과보다는, 부모와 아이가 행복한 가정을 만들겠다는 의지와 아이를 한 인격체로서 인정하는 것부터 시작된다.

지나치게 많은 것을 기대하기 보다는, 여유를 갖고 작은 변화들에 감사하면서 보람을 찾아야 한다. 실천해 가는 아이의 모습에서 기쁨을 발견하려고 애쓰면서 아이가 스스로 자신의 길을 발견하고, 시련을 극복하는 힘을 갖도록 도와서 삶을 성공적으로 살아 나갈 것이라고 굳게 믿고 아이의 지지자가 되어 주어야 한다.

세상에서 가장 힘든 것이 있다면 그건 자녀를 바르게 교육하고 키우는 것일 것이다. 뜻대로 잘 되지 않는 것, 그것이 자식을 성공적으로 키우는 것이다. 아이를 키우면서 속 한번 끓이지 않고, 남몰래 속앓이 한번 해 보지 않은 부모는 없을 것이다.

[그림 3]
https://cafe.naver.com/bscomic/291156

아이를 착하고 예의 바른 반듯한 아이로 키우고 싶지 않은 부모는 없을 것이다. 오죽했으면 자식을 키우는 것을 자식농사에 비유했을까, 그만큼 부모의 바람과 의지와는 상관없이 환경과 사회 분위기에 영향을 받기 때문일 것이다.

하지만 어린 시절의 교육이 중요한 이유는 아이의 성격과 가치관, 태도, 행동의 결과들이 아이가 받은 어린 시절의 교육에 달려 있다고 해도 과언이 아니기 때문이다. 어린 시절 아이가 경험한 가정의

내 아이는 다른 아이와는 유전의 형질부터 다르다

분위기, 부모의 관계, 대화하는 방법, 행동들은 마치 잘 마른 스펀지가 물을 흡수하듯 받아들이게 될 것이다. 그만큼 영향을 받는다는 것이다.

교육에 있어서 일관성을 보인다는 것은 아이가 사랑스럽고 예쁠 때도, 또는 그렇지 않고 반항하고, 말썽을 피우고, 실망스러운 행동이 이어질 경우에도 유지되어야 한다는 것이다. 반항과 말썽, 실망스러운 행동 뒤에는 이유가 있다.

[그림 4] 이유 있는 반항

내 아이는 다른 아이와는 유전의 형질부터 다르다

"아이들은 자연스럽게 자기 부모를 본받는다.
아이들은 부모의 목소리와 표정과 몸짓을 흉내 내는 것에
더하여, 부모가 사랑과 친절과 동정심을 나타내는 것을 보면서
그러한 특성들에 대해 배운다."

발달단계에 따른 특징들과 훈련

발달단계에 따른 특징들과 훈련

발달 단계를 알아야 아이의 마음을 알 수 있다

아이와의 접촉과 자극은 매우 중요한 의미를 갖는다

나에게 말해 주세요!

상상하지 못할 행동이란?

발달단계에 따른 특징들과 훈련

유아의 발달과 교육에 관한 책 『Early Childhood Counts—A Programming Guide on Early Childhood Care for Development』에서는 이렇게 말한다. "생후 처음 몇 개월은 두뇌 발달에 매우 중요한 시기이다. 이 시기에, 학습에 필요한 시냅스 즉 신경 세포의 접합 부위가 20배로 증가한다." 그러므로 자녀의 지적 발달에 중요한 이 짧은 시기에 생각과 가치관을 심어 주기 시작하는 것이 지혜롭다!

어릴 때부터 자녀를 잘 교육하고 훈련하면 좋은 결과가 따른다. 하지만 부모들은 자녀를 교육하는 것이 쉽지만은 않다는 것을 알고 있다. 아이들은 한시도 가만히 있지 못하고 주의 지속 시간이 짧기 때문에 부모가 힘들 수 있다. 어린아이들은 관심을 쏟는 대상이 수시로 바뀐다. 아이들은 호기심이 많으며 주위 세상을 알고 싶어 하기 때문이다. 부모는 자신이 가르치려고 하는 것에 자녀가 집중할 수 있도록 어떻게 도울 수 있을까?

출생시부터 여섯살까지의 아이의 발육에는 여러 단계 혹은 시기가 있다. 이를테면 근육조정, 언어기능, 감정적 특성, 기억능력, 사고능력, 도덕성, 양심 및 그 외의 일들의 발육 단계가 있다. 아이의 뇌가 급속히 자라면서 이러한 단계들이 각기 그 차례가 되면, 이 때가 바로 이러한 상이한 능력을 훈련시킬 절호의 시기인 것이다.

이 시기에는 물을 흡수하는 스펀지와도 같이 아이의 뇌는 그러한 능력 혹은 특성을 흡수한다. 사랑해 주면 사랑을 배운다. 이야기해 주거나 읽어 주면 말하고 읽는 법을 배운다. 도덕과 예의와 인사하는 법을 보여주면 아이는 사랑받고 인정받는 아이가 된다. 올바른 것을 접하면 올바른 원칙을 받아들인다. 만일 적절한 정보를 넣어 주는 일이 없이 이러한 좋은 기회의 학습 단계들이 지나가 버리게 되면, 후일에 이러한 특성 및 능력을 얻기가 더 어려워질 것이다.

자녀들은 그의 특성과 성향에 맞는 교육을 통해 훈련되어야 한다. "훈련시키라"로 번역된 단어의 어원은 "초보를 가르치라"를 의미하기도 하며, 여기에서는 유아에게 최초의 교훈을 베풀 때 초보를 가르칠 것을 말한다. 자녀의 성향과 일치하게 곧 자녀의 특성에 맞게, 다시 말해서 발달 단계에 따라 교육을 해야 한다. 이 시기가 바로 자녀가 쉽게 받아들일 수 있는 적절한 때인 '적기교육'인 것이다. 그리고 이러한 발육기에 배운 것은 성장하면서 아이에게 많은 영향을

발달단계에 따른 특징들과 훈련

주며 항상 자녀에게서 떠나지 않을 것이다.

이것은 인간의 발육 과정을 연구하는 대부분의 학자들의 견해이기도 하다. 그들의 견해인즉, "아동 발육을 연구하면서 우리는 초기에 형성된 성품의 유형이나 초기에 얻은 사교적 경향을 바꿀 수 있다는 뚜렷한 가능성을 전혀 증명할 수 없었다"는 것이다. 그들은 변경이 가능하다는 점은 인정하지만, "대개 고쳐지질 않는다"고 말한다. 하지만, 변화를 가져오게 하는 교육의 힘을 통해서는 예외적인 일이 생기는 경우가 있다.

올바른 시기에 받는 훈련에 대한 좋은 예로 언어가 있다. 아이는 언어를 사용할 수 있도록 유전적으로 프로그램 되어 있다. 하지만 그러한 내장된 뇌 회로가 가장 효율적으로 기능을 발휘하려면, 적합한 발육 단계에서 유아에게 음성에 접할 기회를 주어야 한다. 만일 성인이 유아에게 종종 이야기를 들려준다면, 6개월에서 12개월 사이에 언어 중추는 폭발적으로 자란다. 유아가 낱말에 내포된 의미를 파악해 감에 따라 12개월에서 18개월 사이에 이러한 성장은 점점 더 빨라진다.

유아는 낱말을 말할 줄 알기도 전에 낱말을 배우게 된다. 생후 이년 째에는 이처럼 외부에서 받아들인 용어가 소수의 낱말에서 수백

개의 낱말로 늘어날 수 있다. "유아"에 해당하는 영어(infancy)의 문자적 뜻은 "말 못하는 아이"이다. 요지는, 아이의 발육 과정에서 특정한 것을 쉽게, 거의 흡수하다시피 배울 수 있는 특정한 시기가 있다는 것이다. 만일 필요한 자극을 받지 못하고 그러한 시기가 그냥 지나가 버린다면, 제 능력이 충분히 발달되지 못할 것이다.

예를 들면 수년이 지나도록 전혀 말이라곤 들어보지 못한 어린이가 있다면, 그 아이는 아주 더디게 또한 아주 힘들게 말을 배우게 될 것이며, 대개는 말을 잘하지 못하게 될 것이다.

발달단계에 따른 특징들과 훈련

발달 단계를 알아야 아이의 마음을 알 수 있다

[그림 5] 발달 단계를 알아야 아이의 마음을 알 수 있다.
https://blog.naver.com/fullofrich/60161968580

　육아에 있어서 부모가 아이의 발달 단계를 인지하고 있는가는 참으로 중요하다. 아이의 발달 단계를 알지 못한다면 어린아이 때 신체적·정서적 욕구를 충족시켜 주던 습관대로 아이를 기르다가 단체 생활을 시작할 즈음에야 성급하게 자율성과 독립성을 키워주느라 애를 먹기도 하고, 반대로 아이가 부모에게 신체적·정서적으로 완전히 의지해야 하는 시기에 제대로 반응해 주지 않아 아이의 정서와 성격에 심각한 장애를 일으켜 평생 동안 그 후유증에 시달리게 될 수도 있다. 따라서 아이가 성장함에 따라 어떤 단계로 발달하는지, 또 부모가 어떤 도움을 주어야 하는지 아는 것이야말로 기본 중에 기본이라 할 수 있다. 아이를 키우다 보면 여러 가지 문제로 고민에 빠지게 된다. 아이를 키우는 데 익숙하지 않아 부딪히는 사소한 문제까지 포함하면 아주 다양하다.

사실 아이를 키우면서 평생 아무런 문제도 겪지 않는 부모는 없을 것이다. 그런데 문제가 닥쳤을 때 지혜롭게 방법을 찾아가는 부모가 있는가 하면, 어떤 부모는 자신과 아이 모두에게 크나큰 상처를 남기기도 한다. 아이가 태어나서 어느 정도 자라게 되면 인지가 발달하면서 좀 더 복잡한 사물에 대한 이해를 얻고 분석하고 분류하고 집중하고 행동한다.

아이의 발달단계 중 첫째 단계를 피아제의 인지발달이론(Piaget's cognitive development theory)에서 감각운동기(sensori motor stage)라고 한다. 이시기 특징은 다음과 같다.

가. 감각운동기는 자신과 주위의 세계를 구분하지 못하는 시기이며, 주된 인지 활동은 반사 행동이다.
나. 이 시기는 생각보다는 행동이 주가 되며, 생후 7~8개월 경이 되면 대상영속성(object permanence)을 획득한다. 성인들은 물체가 단순히 세상에서 갑자

발달 단계를 알아야 아이의 마음을 알 수 있다

기 사라지지 않는다는 것을 이해한다. 예를 들어 만약 공이 굴러 다른 물체 뒤로 간다면 우리는 그 물체 뒤에서 공을 찾거나 장애물을 제거하고 공을 꺼내기도 할 것이다. 이는 대상영속성을 획득하고 있기 때문이다. 피아제에 의하면 8개월 이하의 영아들은 이와 같은 상황에서 물건이 사라질 경우 물건을 찾으려고 하지 않고 다른 물체로 주의를 옮긴다고 한다.

다. 대상영속성은 모든 사물을 자신이 직접 보거나 만질 수 없는 경우에도 그것이 공간의 어딘가에 존재하고 있음을 아는 능력이다. 모든 사물이 자신과는 별개의 실체라는 사실을 알게 됨으로써 표상능력을 획득하는 것이 대상연속성이다.

PART 3. 발달단계에 따른 특징들과 훈련

아이와의 접촉과 자극은
매우 중요한 의미를 갖는다

상호 작용의 법칙

출생 직후 상호 작용의 법칙이 적용되기 시작한다. 그것은 아이를 가까이 두려는 엄마의 본능적 욕망과 아이가 엄마의 가슴을 찾는 데서 볼 수 있다. 아이의 턱이 가슴에 닿으면 아이는 머리의 동작으로 마침내 입을 젖꼭지로 가져간다. 아이의 입이 열리고, '펌프' 같은 혀로 빨며 입을 다문다. 삼키는 기술이 작용하기 시작한다.

많은 사람들의 생각과는 달리 신생아는 소극적이거나 게으르지 않다. 아이는 젖을 열심히 빠는 것과 같이, 주위 세계로부터 적극적으로 정보를 입수한다. 신경 조직의 세포는 두뇌에 받아들여 처리되는 정보에 의해 틀이 잡혀진다. 따라서 이때 유아가 적절한 양의 올바른 정보를 얻는 것이 매우 중요하다. 왜냐하면 두뇌 발육의 가장 중요한 기간은 임신 마지막 3개월간 및 생애의 처음 15개월간이기 때문이다.

유아는 특히 젖을 빠는 동안에 외부 세계에 대한 많은 중요한 정보를 얻는다. 아이의 모든 감각이 그 때에 자극을 받는다. 유아는 엄마의 피부의 온기와 냄새를 감지한다. 유아는 촉감으로 엄마를 느낀다. 아이는 젖을 먹으면서 거의 계속적으로 엄마를 쳐다본다. 아이는 엄마의 목소리와 심장의 고동을 듣는다. 젖을 먹는 자세에서 신체의 균형을 담당하는 내이(內耳, 몸이 얼마나 기울어졌는지를 감지하는 평형기관과 듣기를 담당하는 청각기관으로 이루어진 귀의 가장 안쪽 부분)의 액체가 움직인다. 내이로 전해지는 자극은 두뇌가 적절히 발달하는 데 필요한 많은 자극 중 하나이다. 또한, 아이는 가슴에서 젖을 먹기 위해서 열심히 일해야 한다. 이것은 개발되어야 하는 집중력과 인내의 기초가 된다.

[그림 6] 유아는 젖을 빠는 동안에 외부 세계에 대한 많은 정보를 얻는다.
blog.naver.com/misohm

PART 3. 발달단계에 따른 특징들과 훈련

어린 아이의 시력은 한 때 생각했던 것보다 훨씬 더 좋다. 최근 시험 결과, 신생아의 세계는 윤곽이 없고 산만하며 회색 안개가 아니라는 것이 밝혀졌다. 신생아의 시력을 연구해 본 결과 평범한 물체보다 복잡한 형태를 가진 표면에 시선이 고정된다는 것을 알게 된 것이다. 그래서 엄마의 얼굴 앞모습은 유아에게 가장 자극적이고 매력있는 시각물이 된다.

정신신경 학자 R. L. 판즈는 유아들의 시각적 관심을 알아보기 위하여 생후 4일에서 6개월까지의 49명의 아이들을 대상으로 면밀하게 실험하였다. 그는 유아들에게 인간의 얼굴을 포함하여 몇 가지 실험 물체를 보여 주었다. 그 결과는 어떠하였을까? 모든 층의 유아들이 얼굴 형태에 가장 큰 관심을 나타냈다.

판즈는 이렇게 결론지었다. "후에 물체를 알아보고 사교적인 감응을 나타내고 공간의 방향 측정에 도움을 줄 여러 가지 종류의 형태에 대한 관심으로 … 환경에 대한 선천적인 지식이 전시되었다." 그러므로, 출생시부터 우리는 중요하고 자극적이고 의미깊은 사람(엄마)의 얼굴을 찾는 것 같다.

사람의 눈동자의 활동이 두뇌의 지성적이고 감정적인 활동의 척도이므로, 어린 아이들의 눈동자의 반사 작용에 대한 많은 연구가 행해졌다. 한 연구가는 한달도 되지 않은 유아도 엄마의 얼굴을 보았을 때 눈동자가 가장 크게 팽창한다는 것을 발견하였다. 흔히 첫 미소를 짓게 만드는 것은 엄마의 얼굴 모습인데, 이것은 인간에게만 있는 반응이며 두뇌가 감정적 활동을 잘하고 있다는 징후이다. 그러므로, 엄마의 매우 중요한 기능은 아이의 신경 조직의 성장에 중요한 역할을 하는 자극물이 되는 것일 수 있다.

뇌 영상 기술의 발전으로 인해 과학자들은 과거 어느 때보다도 뇌의 발달 상태를 더 세밀하게 연구할 수 있게 되었다. 그러한 연구들이 지적하는 바에 따르면, 아주 어릴 때는 정보를 다루고 감정을 정상적으로 표현하고 언어를 능숙하게 구사하는 데 필요한 뇌 기능이 발달하는 중요한 시기이다. 「네이션 the nation」지는 이렇게 보도한다.

"그 시기에는 뇌의 연결 부위들이 엄청나게 빠른 속도로 생성되는데, 유전 정보와 환경 자극이 시시각각 상호 작용을 일으키면서 뇌의 구조가 형성되기 때문이다."

과학자들은 시냅스라고 하는 이러한 연결 부위 중 대부분이 생후 몇 년 동안에 만들어진다고 한다. 바로 이 시기에 "앞으로 아이의 지성, 자의식, 신뢰심, 학습 동기에 영향을 미칠 신경 경로가 형성된다."고 미국 최고 권위의 유아교육학자이며 아동 발달 분야의 전문가인 T. 베리 브래즐턴(Brazelton, T. Berry)은 말한다.

생후 몇 년 동안에 아이의 뇌는 급격하게 커지고 구조가 복잡해지며 기능이 향상된다. 자극이 많이 가해지고 학습 경험을 풍부하게 할 수 있는 환경에서는 시냅스 연결이 늘어나면서 뇌에 신경 경로의 망이 광범위하게 형성된다. 이러한 경로로 인해 생각하고 학습하고 추리하는 것이 가능해진다.

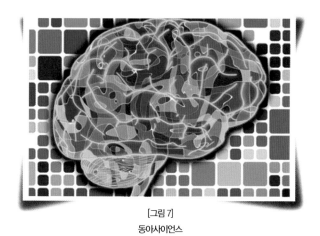

[그림 7]
동아사이언스

아이와의 접촉과 자극은 매우 중요한 의미를 갖는다

유아의 뇌에 자극이 많이 가해지면 가해질수록 그만큼 더 많은 신경 세포들이 활성화되고 신경 세포들 사이에 더 많은 연결부가 생성되는 것 같다. 흥미롭게도, 이러한 자극은 단지 지적인 요인에 의해서만 가해지는 것이 아니다. 다시 말해, 사실이나 수치나 언어에 접할 때에만 가해지는 것이 아니라는 것이다.

과학자들은 정서적인 자극 역시 필요하다는 사실을 알게 되었다. 연구 결과가 지적하는 바에 따르면, 어린아이를 안아 주지도 어루만져 주지도 않고 함께 놀아 주거나 정서적으로 자극해 주지 않으면 그러한 시냅스 연결이 더 적게 생성된다는 것이다.

엄마의 피부의 감촉은 분명히 아이의 발육에 도움이 된다. 아동 심리학자 앤매리트 듀브는 이렇게 말했다. "눈동자의 활동이 분명히 두뇌 활동의 정도를 나타내므로, 우리에게는 피부 자극의 높은 정도, 접촉의 높은 정도, 수유와 관련된 접촉은 적지 않은 접촉이다. 피부의 접촉은 정신 활동을 자극할 수 있고 그것은 또한 성인이 되었을 때에 더 큰 지적 역량을 나타내게 할 수 있다." 그러므로, 아이를 들어 올리고 가볍게 두드려 주고, 목욕을 시켜 주고 물을 닦아 줄 때, 엄마의 손길은 지적 발달과 정서적인 발달에 있어서 매우 중요한 자극제인 것이다.

아이들이 점차 자라면서 결국 일종의 가지치기가 일어나게 된다. 프루닝(prunning)이란, 가지치기처럼 많이 쓰는 것, 필요한 것을 제외한 나머지 불필요한 것들을 뇌에서 없애버리는 작업이다. 뇌는 불필요해 보이는 시냅스 경로를 없애는 것 같다. "아이가 적절한 나이에 적합한 종류의 자극을 받지 않으면, 신경 회로가 제대로 발달하지 않게 된다."고 뇌 연구가인 맥스 시나더는 말한다. J. 프레이저 머스터드(James Fraser Mustard) 박사의 말에 따르면, 그 결과 지능 지수가 낮아지고 언어 능력과 수리 능력이 떨어지며 성인이 되었을 때 건강 문제가 발생하고 행실 문제행동까지 야기될 수 있다.

따라서 사람이 유아 시기에 하는 경험은 성인이 되었을 때의 삶에 분명한 영향을 미칠 수 있는 것 같다. 어떤 상황에서 금세 평정을 되찾는 사람이 될지 아니면 쉽게 상처를 입는 사람이 될지, 추상적인 사고를 할 줄 알게 될 것인지 아니면 그러한 능력이 결여될 것인지, 감정 이입을 할 줄 아는 사람이 될지 그렇지 않은 사람이 될지는 아주 어린 시절의 경험에 의해 영향을 받을 수 있다. 부모 역할의 중요성이 바로 여기에 있는 것이다.

아동 전문가들은 아이가 생후 8개월이 될 때쯤에는 이미 모국어

아이와의 접촉과 자극은 매우 중요한 의미를 갖는다

의 소리를 인식하는 법을 배우고, 부모와 친밀한 유대를 형성하며, 지각 능력을 발전시키고, 자기 주위의 세계를 탐구하기 시작한다고 말한다. 자녀의 마음을 형성하는데 이상적인 시기는 자녀가 아직 어릴 때이다.

아이들은 자연스럽게 자기 부모를 본받는다. 아이들은 부모의 목소리와 표정과 몸짓을 흉내 내는 것에 더하여, 부모가 사랑과 친절과 동정심을 나타내는 것을 보면서 그러한 특성들에 대해 배운다. 일상적인 대화와는 별도로 우리는 매일 최소한 15분씩 아이들과 개인적으로 이야기하려고 노력해야 한다. 문제가 있음을 발견하게 되면, 자녀와 더 많은 시간을 보내야 한다.

나에게 말해 주세요!

전조작기 (preoperational stage / 2~7세)

지금부터 사용하는 단어와 표현이 다소 어려울 수도 있겠지만 위에서 언급한 내용을 기초로 유치원 교육단계를 이해하고 적용하기 위해서 폭넓은 지식을 경험하게 될 것이다. 우리 아이들에게 생애에 가장 큰 영향을 주는 중요한 단계이기도 하며 이 책에서 다루게 될 핵심을 통해 부모로서 행복한 자극을 갖게 될 것이다.

우선 전조작기의 특징들을 알아보면 다음과 같다.

가. 사고하는 것을 배우는 시기이다. 이 시기에는 상징과 내적 이미지를 사용하게 된다. 현상들에 대한 표상을 형성하고 구조화하여 사고 능력을 가지게 된다.

나. 전조작기의 사고는 비체계적이고 비논리적이다. 이렇게 사고의 논리적인 조작이 가능하지 않아서 전조작기라고 부른다.

다. 전조작기는 조작적 사고를 거의 못하는 전개념적 사고단계

(2~4세)와 조작적 사고가 어느 정도 나타나는 직관적 사고단계(5~7세)로 나뉜다. 직관적 사고단계는 구체적 조작기로 넘어가는 전환기여서 매우 중요한 시기이다.

라. 전조작기 사고의 특징

1) 상징놀이 : 가상적인 사물이나 상황을 실제 사물이나 상황으로 상징화한다.(인형놀이, 소꿉놀이 등)

2) 꿈의 실재론 : 자신의 꿈이 실제로 일어났다고 믿는 것이다.(초능력, 수퍼맨, 스파이더맨, 자동차를 좋아하는 아이는 심지어 '난 커서 트럭이 될 거에요' 라고 표현하기도 함)

3) 비가역성 : 모든 것을 한 방향으로만 생각하기 때문에 원래대로 되돌리면 원상태가 된다는 사실을 이해하지 못한다.

4) 비전이 : 논리적인 사고를 못하기 때문에 새로 학습한 내용을 새로운 장면에 적용하거나 사용하지 못한다.

5) 비약적 추론 : 비논리적이고 비인과적으로 추론한다.

6) 자기중심적 사고 : 타인의 생각·감정·지각·관점 등을 자신과 동일한 것으로 가정한다.

7) 직관적 사고 : 대상이나 사태가 가지는 단 하나의 현저한 지각적 속성에 의해 그 대상이나 사태의 성격을 판단한다.(추리나 판단이 직관작용에 의존하고 있기 때문에 일반적인 관계와 특

수한 관계는 정확하게 파악하지 못하고 있으며 과제의 이해나 처리의 방식은 그때그때 보는 방식에 의해 좌우되기 쉽다.)

8) 물활론적 사고 : 생명이 없는 대상에 생명과 감정을 부여한다.

아이들에게는 특정한 자극에 특히 민감한 시기가 있는 것 같다. 그 시기가 지나면 특별한 기회의 문이 닫히게 된다. 예를 들어, 어린아이들의 뇌는 언어를 쉽게 익힌다. 심지어 하나 이상의 언어를 쉽게 익히기도 한다. 하지만 언어를 가장 잘 받아들여 배울 수 있는 시기는 만 5~6세경에 끝나기 시작하는 것 같다.

아이가 만 12세에서 14세가 되고 나면, 언어를 배우는 일이 만만치 않은 어려운 일이 될 수 있다. 교육학자 노암 촘스키(Noam Chomsky)는 영유아의 경이적인 언어발달 능력을 설명하면서, 모든 인간에게는 선천적인 언어습득장치가 있다고 하였다. 언어습득장치(LAD, language acquisition device)란 모든 인간에게 선천적으로 언어를 습득하는 장치가 미리 프로그램화되어 있기 때문에 별다른 노력을 기울이지 않아도 자동적으로 언어를 습득할 수 있는 것을 의미한다. 소아 신경학자인 피터 후튼로허에 따르면, 그 시기가 되면 두뇌의 언어 영역에 있는 시냅스의 밀도와 수가 줄어든다. 생애의 처음 몇 년은 언어 능력을 습득하는 데 매우 중요한 시기임이 분명하다!

나에게 말해 주세요!

아이들은 나머지 인지 능력 발달에 매우 중요한, 말을 배우는 어려운 일을 어떻게 해내는가? 주로 부모와 말을 주고받음으로써 대부분의 언어를 습득한다. 아이들은 특히 사람이 주는 자극에 반응을 나타낸다. 아이는 엄마의 목소리를 흉내낸다.

어느날 갑자기 "XX새끼야!"라고 유치원에 다니는 아이가 재미로 내뱉은 이 한마디는 엄마를 기절시키기에 충분하다. 엄마는 아이를 천사로만 생각했다. 그 맑은 눈, 그 고운 눈, 그리고 그 고운 입술, 어느 것 하나 흠이 없이 맑은 아이. 아름다운 말만 하며 그렇게 평생 자랄 줄 알았는데 느닷없이 "XX새끼야!"라니….

거기서 그치는 것이 아니다. 입에 올리기 부끄러운 신체의 부분을 거리낌 없이 내뱉어 댈 때는 절망감까지 든다. 도대체 어떻게 된 일일까? 엄마는 집에서는 절대 하지 않은 말이니까 틀림없이 유치원에서 배워왔을 거라는 생각에 유치원을 더 좋은 곳으로 옮길 생각까지 한다.

아이가 이런 말을 할 때 훈계를 하지 않는 엄마는 거의 없을 것이다. 또 한 번 그런 말하면 매를 든다든지 밥을 안준다든지 엄마가 할 수 있는 최고의 벌을 생각해 낸다. 그러나 효과가 없다. 다시는 하지 않겠다고 해 놓고 금세 도로 입에 올린다. 엄마들을 위한 미국 온라인 잡지 맘닷미(mom.me)의 편집인 캐더린 크라우포드도 마찬가지였다. 그녀는 젊었을 때 프랑스에서 공부했는데 아이가 입에 담지 못할 말을 해 기겁해 전문가를 찾았다.

그녀는 전문가에게 가장 듣기 싫어하는 말을 들었다. '애들 다 그런다고….' 그녀는 전문가들은 고칠 생각은 하지 않고 자기는 심각한데 내버려 두면 없어진다는 말을 할 때가 제일 짜증이 났다. 그러나 아이들이 다 자란 지금은 그 전문가의 말이 맞았다고 생각한다. 아기가 심하게 인체의 성기에 대해 이야기 하는 것을 즐기더니 나이가 들면서 그런 말을 해도 사람들이 별로 관심을 갖지 않고, 또한 그것에 대한 호기심이 사라지면서 저절로 하지 않게 된 것이다.

그녀가 본 프랑스 엄마들은 실제로 아이들이 그런 이야기를 해도 별로 신경을 쓰지 않았다. 자라는 과정이라며 대수롭지 않게 여기는 분위기였다.

그런 국가에서는 전체적으로 이해하니까 큰 문제가 될 것이 없다. 그러나 문화가 다른 나라에서는 문제가 되지 않을 수 없다. 가족은 이해할지 모르지만 손님이 오는 경우에는 집안 망신이 될 수가 있다. 캐더린은 아이에게 손님이 왔을 때 그런 말을 하고 싶어 하면 화장실에 가서 손님이 들리지 않을 만큼 조용하게 혼자 말하도록 아이와 약속을 하라고 권한다.

한편 미네소타 대학에서 아동과 청소년, 가족 문제를 연구하는 마타 패럴 에릭슨 박사는 인체의 비밀스런 기관을 이야기하는 아이들은 그것이 하나의 통과의례일 뿐이라고 못 박았다. 에릭슨은 그 시기의 아이들은 자기의 신체에 대해 눈을 뜨는 시기라고 말했다. 그들은 비밀스런 인체의 기관에 갑자기 흥미를 느끼기 시작하고, 언어의 사용 분별능력이 아직은 부족한 아이들은 아무런 느낌 없이 사실대로 표현하면 부모들은 웃거나 당황스러워 하는 반응을 보이게 된다.

언어의 관념이 성인과 다른 아이들은 놀라는 어른들을 보며 이상하게 여기고 유치원 시기의 반항기와 맞물려 하지 말라는 언어를 더 사용하면서 재미를 느끼게 된다. 아직 어려서 복잡한 유머를 잘 이해 못하는 유치원 아이들은 신체의 일부분을 말하는 것만으로도 주변의 환심을 살 수 있다는 생각에 더 입에 올리게 된다.

나에게 말해 주세요!

에릭슨은 그런 이야기를 하는 아이가 그 시기를 잘 지나 사회에 적응하게 하기 위한 첫 번째 방법으로는 아이들이 그런 이야기를 할 때 절대로 반응을 하지 말라고 권한다. 반응이 없으면 아이들은 갑자기 달라진 부모에 의아해 하다가 나중에는 더 이상 재미를 못 느껴 자연스럽고 빠르게 그 시기를 지나칠 수 있다는 게 그의 설명이다. 아이가 집 안이 아니라 사람들 앞에서 그러한 언어를 사용할 때는 방법이 달라야 한다. 분명하게 '사람들은 그런 이야기를 싫어해'라고 말해줘야 한다.

또 하나 신경을 써야 되는 것은 인체의 부분들은 기능상 절대로 부끄러운 곳이 아니라는 점을 가르쳐 줘야 한다. 아이가 놀리기 위해서 신체 부위를 이야기 할 때는 과학적인 분위기로 바꿔서 말한 부분의 기능을 자세히 설명하면 좋다. 이 경우 '거기' 혹은 '고추' 등의 상징적 언어를 사용하는 것보다는 언어 그 자체를 그대로 사용하는 것이 아이들로 하여금 비뚤어진 생각을 하지 않게 해 교육적으로 좋다.

마지막으로 에릭슨은 아이들이 비밀 기관에 대해 가정에서 하는 언어와 밖에서 하는 언어를 구분할 줄 알도록 하라고 조언했다. 아이들이 사용하는 언어와 관련해서는 뒷장 "언어가 만들어 내는 힘" 장에서 자세하게 언급하기로 하자!

출처: 베이비뉴스

또한 문화적 배경은 다양하지만 같은 문화권에 속한 부모들은 아이에게 말할 때 리듬을 지닌 동일한 어조를 사용한다. 부모가 말하는 방식에 사랑이 어려 있으면 아이의 집중력은 활발해진다. 그러한 방식은 말과 그 말이 의미하는 대상을 연관시키는 속도를 더 빠르게 하는 데 도움이 되는 것으로 여겨진다.

아이는 끊임없이 "나에게 말해 주세요!"라고 외치고 있는 것이다. 이 시기의 아이들은 말과 함께 전달되는 음색과 음량으로 집중할 것 인지를 결정한다. 그래서 유치원 선생님은 항상 상냥하고 부드러운 어조로 선생님은 '너를 사랑하고 관심이 많아' 라고 끊임없이 사인 을 보내는 것과 같은 방식으로 아이를 대하는 것이다.

이 시기에 짚고 넘어가야 할 한 가지 중요한 점은 자기중심적 사고 가 형성되는 감정 형성에 매우 중요한 시기라는 것인데 엄마와의 사 이에 감정적 애착이 형성된다는 것은 이미 기정사실화 되어 있다. 이 러한 안정된 유대가 형성되어 있는 아이들은 부모와의 유대 속에서 안정감을 누리지 못하는 아이들보다 다른 사람들과 더 잘 지낸다.

정신이 외부의 영향을 받기가 매우 쉬운 이 중대한 시기에 아이가 관심을 소홀히 받게 되면 어떤 현상이 나타날 수 있는가? 20여 년 에 걸쳐 267명의 엄마와 그들의 자녀들을 추적 조사한 마타 패럴 에 릭슨은 이러한 견해를 제시한다. "자녀가 관심을 소홀히 받게 되면 장기간에 걸쳐 서서히 의욕을 상실하여 결국 다른 사람들과 관련을

나에게 말해 주세요!

맺거나 세상을 탐구해 보려는 의지가 거의 사라져 버리게 된다."

텍사스 아동 병원의 브루스 D. 페리(Bruce D. Perry) 박사는 감정적으로 관심을 소홀히 받을 때 초래되는 심각한 결과에 대한 자신의 견해를 이러한 예를 들어 설명한다. "아이를 데려다가 몸에 있는 모든 뼈를 부러뜨리든지 아니면 2개월간 감정적으로 소홀히 여기든지 둘 중에 하나를 택하라고 하면, 나는 몸에 있는 모든 뼈를 부러뜨리는 편이 아이에게 더 낫다고 말할 것이다." 어떻게 그럴 수 있을까? "뼈는 다시 붙을 수 있지만, 아이가 매우 중요한 두뇌 자극을 받는 시기를 놓치면 두뇌가 영구적으로 조직이 안 된 상태로 있게 될 것"이라고 페리는 생각한다. 모든 사람이 그러한 손상이 회복 불능이라는 견해를 가지고 있는 것은 아니다. 하지만 과학 연구 결과들이 지적하는 바에 따르면, 아이의 정신에는 감정을 풍부하게 해 주는 환경이 꼭 필요하다.

언뜻 생각하기에는 무척 간단해 보일지 모른다. 자녀에게 좋은 환경을 제공하고 돌보아 주면 잘 자라게 될 것이라니 말이다. 하지만 애석하게도, 자녀를 제대로 돌보는 법을 이해하는 것이 항상 그렇게 쉬운 것만은 아니라는 사실을 부모들은 잘 알고 있다. 효과적인 양육 방법을 항상 직관적으로 알아낼 수만은 없기 때문이다.

한 연구에 따르면, 조사 대상이 된 부모의 25퍼센트는 그들이 자녀를 대하는 방법에 따라 자녀의 지능과 자신감과 학습 의욕이 향상 되거나 저하될 수 있다는 사실을 모르고 있었다. 따라서 이러한 질문이 생긴다. '자녀의 잠재력을 키워 주는 가장 좋은 방법은 무엇인가? 또한 어떻게 적절한 분위기를 조성해 줄 수 있는가?' 유치원 시기와 연계되면서 이어지는 교육이 초등 1학년이다. 이 시기의 특징은 유치원 시기와는 차원이 다른 방식의 학교교육이 이루어지고 부모 입장에서도 발달 과정에 맞게 유치원 과정과는 다른 부모의 역할과 노력이 요구된다. 다음은 초등교육이 시작되는 발달과정 중 구체적 조작기의 특징들이다.

구체적 조작기 (concrete operational stage / 7~11세)

가. **아동이 사고를 논리적으로 조작할 수 있는 능력을 획득하는 시기이다.** 아이가 이 때부터는 유치원 시기와는 다르게 인지 활동을 수행할 때 그 대상을 직접적으로 조작하지 않고도 이전의 경험을 토대로 그 의미를 생각하여 정신적으로 수행할 수 있게 된다.

나. **구체적 조작기의 가장 큰 특징은 가역성**(reversibility, 시간이 흐르는 동안 물체의 운동이 변화했을 때 시간을 거꾸로 되돌린다면 처음의 물체상태로 되돌아갈 수 있는 성질을 말한다.

이 때 외부나 자신 모두에게 어떤 변화를 남기지 않아야 한다.)의 **획득과 탈 중심화**(decentering, 자신과 타인의 관점에서 모든 가능한 측면에 주의를 배분하여 대상에서 얻어진 정보를 통해 보다 적절한 추론을 끌어내는 것을 탈 중심화라 한다.)로 **과학적인 추리가 가능해진다.**

다. **보전개념을 비롯하여 분류와 서열의 개념인 유목화**(같은 종류의 개념군을 이해할 수 있다고 해석할 수 있으며 한자로는 類(무리 류), 目(눈 목), 化(될 화)를 풀어 '사물의 무리 군을 이해할 수 있는 능력'이라고 볼 수 있다. 예를 들어 각기 다른 액수의 동전이나 지폐를 쥐어주었을 때 기본적으로 동전과 지폐의 다름을 이해하고 동전은 100원과 500원짜리를 구분하며 지폐도 각각의 액수를 분류하여 구분하는 행동. 같은 모양의 구슬이라도 쇠구슬과 유리구슬을 구분할 정도의 수준 등을 말한다.)**를 이해할 수 있게 된다.**

라. **사회적인 사고가 가능해져 자기중심성을 탈피하고, 도덕적인 판단을 하며, 꿈이 실제가 아니라는 것을 믿게 된다.**

마. **관찰 가능한 구체적인 사물이나 구체적인 행위에 대해서만 체계적으로 사고하는 능력을 가지고 있어서 구체적 조작기라고 부른다.**

형식적 조작기 (formal operational stage /11세 이상)

가. 추상적이고 가설적인 수준에서도 체계적으로 사고할 수 있는 능력을 발달시킨다.

나. 관찰할 수 없는 가설적이고 추상적인 개념에 대해서도 이해가 가능해진다.

다. 가설-연역적 인지구조를 획득하게 되어 명제적인 사고가 가능하다.

굳이 이러한 전문적인 인지 발달 단계를 자세히 알 필요는 없다. 중요한 것은 좋은 이해가 좋은 기억과 만족스런 결과를 만들어 준다는 것이다. 마치 작은 퍼즐조각을 완벽하게 맞추기 위해서는 퍼즐 전체 그림을 보고 이해하는 과정이 선행되었을 때 조각의 그림들을 좀 더 완벽하게 효과적으로 맞출 수 있는 것과 같다.

인지발달단계가 이렇다는 것을 알았다면 지금 당장 좋은 이해를 위해서 전조작기를 함께 알아보기로 하자.

과거 언제부터인지는 모르겠으나 우리 문화에는 아이가 태어나서 생후 100일이 되면 백일잔치, 생후 1년이 되면 돌잔치를 한다. 생각해보면 부모에게 아이는 축복이고 상이다. 그런 소중한 내 아이가 아무 탈 없이 건강하게 자라주는 것은 큰 기쁨일 것이다.

왜 이런 풍습이 자연스럽게 우리문화에 정착하게 되었을까?

과거 오랜 옛날에는 질병도 많았고 예방의학도, 의학적 상식이나 위생에 대한 정보 수준이라는 것이 수준이라고 언급하기도 어려울 정도로 그저 입에 풀칠하기 바쁜 시대에 살면서 하루하루를 견디듯 살았을 것이다.

당연히 이러한 환경에서 영유아 사망률은 상당히 높았다. 그러니 내 아이가 백일이나 돌까지만 살아준다면 어느 정도 면역도 만들어지고 건강하게 살 가능성이 높아진 것이다. 부모에게 이보다 행복한 일은 없을 것이다.

그러니 여유가 좀 있다면 형편이 어려워도 생활형편에 맞게 아이의 건강을 기원하며 일가친척과 마을 사람들과 함께 그 기쁨을 나누고자 했을 것이다.

그러나 우리가 사는 이 시대는 환경이 많이 달라졌다. 질병도 많이 정복되었고 예방의학이나 위생에 대한 의식도 과거와는 많이 다르다. 따라서 영유아 사망률은 과거와는 비교할 수 없을 정도로 낮다. 필자의 개인적인 생각으로는 백일이나 돌잔치를 하기 보다는 시대의 변화와 더불어, 아이가 태어나서 또 다른 세계를 경험하는 신비로움에 옹아리를 하고 아이가 눈만 깜박여도 행복감을 느끼는 100일 기념, 걸음마를 할까 말까 두근거리고 기다려지는 돌기념, 번

거룝고 화려함 보다는 훗날 자녀가 성장하였을 때, 자랑스럽게 보여 줄 수 있는 지적(知的)인 선물을 생각하여서, 엄마 아빠의 가치관을 담은 뜻깊은 추억과 기념이 되도록 첫 번째 유산으로 지혜(智慧)남 겨줌이 바람직하지 않을까 생각한다.

그리고 저자가 저술한 것처럼 내 아이가 전조작기가 시작되면 상상하지 못할 행동을 하게 되는데 이때 아이를 위해서 일가친척과 지인을 초대해서 잔치를 하는 것이 좋지 않을까 하는 생각을 요즘 많이 하게 된다.

나에게 말해 주세요!

상상하지 못할 행동이란?

상상하지 못할 아이의 행동에 대해서 하나의 예를 들어서 설명을 하면 이해하는데 도움이 될 것이다.

1. 어느 날 아빠가 출장을 가기 위해서 공항에 갔지만 [그림 8]과 같이 다시 돌아오는 상황이 되었다.

2. 아이는 [그림 9]와 같이 혼나게 되었다.

3. 이유는 아이가 아빠의 여권에 [그림 10]과 같이 엉망으로 낙서를 해놓은 것이다.

[그림 8]

[그림 9]

[그림 10]

상황을 생각하면 픔~하고 실소가 터지겠지만 조금 더 생각을 해보면 이 사건은 대단히 행복한 사건임을 이해하여야 한다. 아이의 전조작기의 특징은 사물을 표상화 하고 상징화 하며, 자기중심적이 되고, 보는 대로 그려보기도 하고 훼손하기도 한다. 이러한 행동이 황당해 보이지만 이건 아이에게 기적이 시작된 것이다.

지구상에 존재하는 어느 생명체에서도 볼 수 없는 현상이다. 이러한 현상이 보이거든 아이가 드디어 한 인간으로 정상적인 삶을 살아갈 준비가 제대로 되고 있다고 인식하고 기뻐하면서 모든 사람에게 우리 아이가 드디어 인간으로서 대단한 첫 걸음을 시작했다고, 함께 잔치를 벌여야 할 것이다.

이 때부터 부모의 역할이 매우 중요하다. 교육을 다른 의미로는 대화(communication)라고 한다. 엄마는 아이가 뱃속에 있을 때부터 끊임없이 대화를 시도해 왔다. 아이는 단지 엄마의 목소리만을 통해서 정보를 얻는 것이 아니다. 말하는 사람의 음색, 음조, 음량, 얼굴 표정, 몸짓 등과 같은 비언어적인 정보까지도 대화의 중요한 단서가 된다.

메라비언의 법칙(The Law of Mehrabian)은 즉, 사람 사이의 의사소통에 있어 언어적인 것은 7%, 비언어적인 요소는 93%(시각적인 요소 55%, 청각적인 요소 38%)를 차지한다는 법칙이다. 이후 많은 연

상상하지 못할 행동이란?

구에서 언어적인 요소와 비언어적인 요소가 각각 7%와 93%를 차지한다는 것에는 동의하지는 않았지만 언어적인 요소만큼 비언어적인 요소가 중요하다는 것을 강조하였다(Argyle, 1988). 그래서 대화(communication)를 다른 표현에서는 '정보처리능력'이라고 표현하기도 한다.

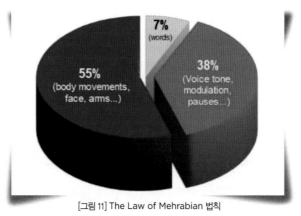

[그림 11] The Law of Mehrabian 법칙
https://blog.naver.com/wansoo2/20147848854

엄마가 아이에게 어떠한 말(정보)을 주었을 때 아이가 내용을 듣고 어떻게 반응하는가를 관찰해 보면 아이의 정보처리능력이 어느 정도인가를 알 수 있다.

우리는 흔히 이런 말을 자주 사용한다. "왜 이렇게 말귀를 못 알아들어?" 이 말의 문자적 의미가 귀로 소리를 잘 못 듣는다는 뜻인가 ~?? 당연히 그렇지 않다. 다시 말하면 말하는 사람의 의도를 잘 이해하지 못하고 나오는 반응 때문에 답답해서 하는 말이다.

상상하지 못할 행동이란?

오늘날 많은 사람들은 "우리 모두는 평등하다."라고 외친다.
인간이 평등하다는 것은 기회의 평등을 말하는 것이지 누구나
노력과 열정을 통한 결과에 관계없이 평등하다는 것이 아니다.
우리는 인간으로서 평등하다. 기회의 평등(equality),
이것은 인간을 대우하는 기본적인 양식을 지칭한다.
우리는 평등을 외칠 때 그것의 적절성에 비추어
적용되어야 한다.

유치원 교육이
얼마나 중요한 것일까?

대화, 정보의 전달과 처리 능력

아이의 미래 고등교육과 소득에
더 많은 영향을 미치는 교육기관은 어디일까?

교육은 언제부터 시작되어야 하는가?

행복감

대화, 정보의 전달과 처리 능력

다음의 그림을 보고 의미를 상상해보자.

[그림 12]와 같이 엄마는 게임만 하는 아들이 마음에 들지 않아서 날씨도 좋은데 게임만 하지 말고 나가서 놀던지 아니면 공부하라는 의미일 것이다.

그런데 아들이 엄마의 말씀을 듣고 [그림 13]과 같이 행동을 했다면 엄마의 의도가 제대로 전달된 것이라고 할 수 있을까?

[그림 12]

[그림 13]

이러한 이유로 한 반에 30명이 공부를 하고 있다면 1등부터 30등까지 등수가 나뉘는 것이다. 즉 선생님이 같은 방법으로 같은 교과서로 모든 아이에게 똑같이 가르치지만 즉, 동일한 정보를 전달해도 처리하는 방법에 따라 결과는 다르게 나타나는 것이다.

중요한 점을 눈치 챘을 것이다. 특히 경험이 적은 첫 아이 엄마들이 아이에게 많이 배우게 하고 공부할 기회를 많이 주는 것을 좋아하지만 배우는 것 못지않게 중요한 것은 배운 정보를 잘 처리하는 방법을 배우는 것이다.

유치원 교육이 중요한 이유는 바로 정보를 처리하는 능력을 자연스럽게 활동과 체험을 통해서 배우게 되기 때문이다. 유치원 교육과 훈련은 향후 아이의 미래에 크게 영향을 줄 것이기 때문에 관심을 가져야 한다.

어느 날 아침 아이들이 유치원에 들어가 보니, 모든 방이 가구 외에는 아무것도 없이 텅 비어 있었다. 아이들은 인형, 게임, 동물 봉제 인형을 찾아보았지만 헛수고였다. 책이나 블록 장난감도 없다. 심지어 종이와 가위까지 사라졌다. 장난감이 모두 없어졌고 3개월간 계속 그러할 것이었다. 무슨 일이 있었던 것일까?

이 유치원은 '장난감 없는 유치원'이라고 하는 주목할 만하면서도 혁신적인 프로젝트에 참여하고 있는 유치원인데, 독일, 스위스, 오스트리아에서는 이 프로젝트에 참여하는 유치원이 점점 늘어나고 있다. 이상하게 들릴지는 모르지만, 유럽 연합의 보건 전문가들에게서 크게 호평을 받고 있는 이 프로젝트가 추구하는 목표는 중독을 예방하는 것이다. 최근 들어 연구가들은 사람들이 어린 시절부터 사회성을 발전시킨다면, 그 어떤 중독에든 빠질 가능성이 줄어든다는 사실을 알게 되었다.

그러한 사회성의 요소 가운데는 "낯선 사람과도 쉽게 대화하고, 의견이 다를 때 그에 대처하고, 자신의 행동에 책임을 지고, 스스로 목표를 정하고, 문제를 파악하고, 도움을 주고, 해결책을 강구하는 능력과 의사소통 능력"이 있다고 한 신문이 보도했다. 이 프로그램을 지지하는 사람들에 따르면, 그러한 능력은 가능한 한 어릴 적부터 발전시켜야 하며, 장난감 없이 지내는 기간은 이러한 목적에 기여하는 한편 창의력과 자신감을 키워 준다고 한다.

장난감을 3개월간 없애기 위해 부모와 자녀들이 참여하는 가운데 주의 깊은 계획과 논의가 있었다. 처음에 일부 아이들은 장난감이 없기 때문에 뭘 해야 할지를 몰라 난감해 한다. 어떤 유치원에서는 처음 4주 동안 아이들이 제멋대로 행동하기 때문에 그 프로그램을 계획한 연구자들이 안절부절 못하고 있는 상황이다. 하지만 아이들은 얼마 지나지 않아 놀랍게도 적응하는 법과 창의성을 발휘하는 법을 터득하기 시작한다.

가지고 놀 장난감이 없기 때문에 아이들이 함께 상의하고 계획하고 같이 노는 일이 더 많아지며, 따라서 아이들의 사회성과 언어 능력이 향상되어 간다. 전에는 장난감만 가지고 놀면서 "자신을 감추고" 지내던 아이들이 이제는 친구들을 사귀고 있다. 이 실험을 우려하던 부모들도 긍정적인 변화에 주목하게 된다. 부모들은 아이들이 놀 때 더 얌전히 행동하며 예전보다 창의력이 향상되었다고 말한다.

'유치원 취학기'는 독립심과 호기심, 상상력이 마치 우주의 별 만큼이나 펼쳐지는 시기이다. 이 시기에 다양한 활동을 통해 언어, 인지, 행동에 좋은 자극을 받는다면 평생 해야 할 모든 공부의 기초가 탄탄하게 마련되므로 아이가 배움에 대한 욕구와 호기심, 무한한 상상력을 갖도록 배려해야 한다.

'유치원 취학기'는 부모로서 아이를 키우는 보람을 가장 많이 느끼는 때이기도 하다. 물론 그만큼 아이는 말썽도 많이 부리고, 부모의 몸과 마음을 지치게 할 것이다. 이 시기에 꼭 해야 하는 일이 자기주도성과 창의성, 상호작용, 자존감, 독립심을 키우게 하는 것인데, 아이의 자기주도성과 자존감, 독립심은 자기 '효능감'으로 연결된다.

대화, 정보의 전달과 처리 능력

'유치원 취학기'는 본격적으로 사회생활의 첫걸음을 떼는 시기로, 다른 사람의 감정을 공감하고 배려하는 이타성을 배움으로써 평생 인간관계의 기초가 다져진다. 아이의 첫 번째 사회생활인 '유치원'이라는 거대한 관문을 아이의 발달 단계에 따라 한 계단 한 계단 아이와 함께 나아간다면 부모와 아이 모두 행복한 성장을 이루게 될 것이다.

아이의 미래 고등교육과 소득에 더 많은 영향을 미치는 교육기관은 어디일까?

1. 유치원
2. 초등학교
3. 중학교
4. 고등학교
5. 대학교

아마도 이 책을 읽고 있는 분들 중에 눈치 빠른 엄마라면 유치원 교육이라고 답할 것이다. 그렇다면 빙고~!! 짝짝짝~(박수 ^^)

미국 하버드대학의 경제학자인 라즈 체티(Raj Chetty) 교수는 2012년 3월 미국 경제학회에서 탁월한 연구 업적을 남긴 40세 미만 젊은 경제학자에게 주는 '존 베이츠 클라크 메달'을 받을 정도로 경제학에서 영향력이 매우 큰 학자다. 그는 "유치원 때 받은 교육이 성인이 되었을 때 미치는 영향은 얼마나 될까?"라는 주제에 대해

20년 간의 종단 연구를 통해서 이에 대한 답을 내놓았다.

[그림 14]
NEWS G

라즈 체티(Raj Chetty) 교수의 '유치원 교육이 20년 후의 아이의 미래에 얼마나 영향을 미칠 수 있을까?'에 대한 연구는 1980년 미국 테네시주에서 유치원 교육을 받은 12,000명의 아동을 대상으로 연구되었다.

유치원 때 시험 점수 1%가 27세 성인이 됐을 때의 소득 132달러를 좌우한다? 믿기는 어렵겠지만 그가 1980년대에 태어난 1만 여명을 대상으로 조사한 결과, 유치원 시험 점수가 40점대에 그칠 경우 미래의 연간 소득은 1만 5,000달러 수준이었지만, 100점을 받았다면 연간 2만 5,000달러를 벌어들이는 것으로 나타났다.(한국의 유치원에는 공식적인 시험이 없다. 여기서 말하는 시험은 미국 유치

원의 교육 정책임)

또 유치원 시험 점수가 100점이면 대학 입학률이 80% 정도였지만, 40점 미만이면 입학률이 40%를 밑돌았다.

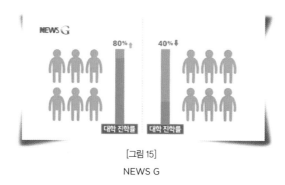

[그림 15]
NEWS G

유치원 교사의 경험도 아이들 미래 소득에 영향을 끼쳤다. 유치원 교사가 10년 이상 경험을 가진 경우, 성인이 된 학생들의 연간 소득은 다른 학생들보다 평균 1,000달러 이상 높았다. 한 아이의 평생 소득을 80,000달러 높이는 효과가 있다는 것은 매우 놀라운 결과다.

라즈 체티(Raj Chetty) 교수는 아이들의 미래소득에 결정적인 영향을 미치는 경험 많고 훌륭한 유치원 교사를 고부가가치 교사라고 언급했다. 여기에서 필자의 주관적인 생각은 꼭 경험이 많은 교사가 고부가가치 교사라고는 동의하지 않는다. 그렇다고 경험이 중요하지 않다는 것은 아니다. 필자가 생각하는 고부가가치 교사란 교육에 대한 열정과 끊임없는 자기 발전을 위한 탐구와 노력, 아이들에 질 높은 교육을 제공하겠다는 강한 애정과 열정이 선생님의 가치를 결정하는 것이지 오랜 경험만이 교사의 가치의 기준이 될 수 없다. 물론 라즈 체티 교수도 그런 취지로 연구를 진행 했을 것으로 믿는다.

[그림 16]

NEWS G

예컨대, 유치원 6세 반에서 80점을 받았던 아이가 7세 반에서 새 교사에게 1년을 교육받은 다음 90점을 받았다면 이 교사의 부가가치는 10점이 된다. 체티 교수는 뛰어난 교사는 위에서 언급한 바와 같이 32만 5,000달러의(한화로 약 3억2천만 원) 경제적 가치가 있다고 추정했다.

그 교사에게서 배운 학생들의 미래 소득 증가 효과를 현재 가치로

환산해 합한 것이다.

이처럼 당신의 아이의 미래에 긍정적인 영향을 미치는 유치원 교사에 대한 우리 사회의 시각은 어떠한지 잠시 생각해보자. 유치원 교사는 초등 교사나 중등 교사보다 덜 중요하거나 낮은 위치에 있다는 생각, 유치원을 초등학교에 들어가기 전 잠시 기초적인 인지활동이나 인성 또는 예절을 배우고 맞벌이 부모들을 위한 종일 돌봄 정도의 수준으로 생각해서 배꼽인사로 맞이해주는 유치원 선생님을 생각하고 있다면 매우 중요한 것을 놓치고 있는 것이다.

[그림 17]
NEWS G

사람은 누구나 할 것 없이 인정받기를 원하고 인정받는 사람이 그만큼 자신의 일에 열정적일 수밖에 없다. 내 아이를 위한 열정을 유지하고 확장해갈 수 있도록 내 아이 유치원 선생님을 인정하고 격려하는 문자나 진정성 있는 인사를 전한 적은 있는가?

아이의 미래 고등교육과 소득에 더 많은 영향을 미치는 교육기관은 어디일까?

체티 교수는 "어렸을 때 얼마나 질 높은 교육을 받았는가가 평생 소득을 좌우한다."며 "누구나 가는 유치원 교육이 일부만 가는 대학 교육보다 훨씬 중요하다."고 말했다.

교육학과 경제학을 융합해 보편적 교육 정책을 제안한 라즈 체티 교수는 28세에 하버드대 종신 교수가 됐고, 2008년에는 영국 경제 주간지 이코노미스트가 그를 '세계에서 가장 주목해야 할 젊은 경제학자 8인' 중 한 명으로 선정했다.

체티 교수의 연구가 매우 중요한 이유는 오바마 대통령 역시 지난 2012년 초 이 논문을 직접 인용하면서 유치원 무상교육을 약속한 바 있고, 마이클 블룸버그 뉴욕 시장도 "(의무교육 단계에서) 질 높은 교육을 하는 교사에게 보너스를 주겠다."고 밝히기도 했다.

라즈 체티 교수가 유치원 교육을 연구한 이유는? 바로 저소득층 아이들의 미래 때문이었다. 저소득층 아이들이 최고의 교사에게 최상의 유아교육을 받는다면 성인이 되었을 때 중산층으로 계층이동을 할 수 있는 것이다. 더 나은 세상을 만드는데 도움을 주고 싶다는 경제학자 라즈 체티 교수, 그가 유치원을 들여다본 이유였다.

미국의 예이지만 한 가지 중요한 키워드는 유치원 교육이 갖는 가치와 중요성이다. 그건 우리가 그동안 생각하고 있던 교육과정에 상당한 의미를 부여하는 것이다.

결국은 우리 아이들이 제대로 성장하고 경쟁력을 갖추는 교육 전반에 걸쳐 중요하지 않은 교육과정이 없지만 특히 유치원 교육이 얼마나 중요한지를 다시 한 번 생각하게 한다. 그렇다고 해서 유치원 교육이 교육의 시작을 말하는 것은 아니다. 유치원 교육이 성공적이 되려면 부모의 역할, 특히 엄마의 역할이 매우 중요하다. 유치원 교육과정이나 교사의 경험과 질이 아무리 높아도 부모, 특히 엄마의 협조가 적극적이지 않다면 그 교육은 반쪽짜리가 될 것이다.

인간잠재력성과연구소 소장 글렌 도맨 박사에 따르면 부모는 아이를 억지로 천재로 만들려는 일을 피해야 한다.

"어린이가 아니라 아이를 가르치면 세상은 온통 아인슈타인, 셰익스피어, 베토벤 및 레오나르도 다빈치와 같은 지성의 거장들로 가득 찰 것이다."

"천재로 태어나는 어린이도 없으며 바보로 태어나는 어린이도 없다. 모든 일은 결정적인 기간에 뇌 세포를 자극하는 일에 달려 있다. 이 기간은 태어날 때부터 만 세 살까지의 기간이다. 유치원 시기는 너무 늦다."
-『유치원 시기는 너무 늦다!(Kindergarten Is Too Late!)』의 저자 이부카 마사루

아이의 미래 고등교육과 소득에 더 많은 영향을 미치는 교육기관은 어디일까?

아이의 뇌에 경이로운 잠재력이 있기에 부모에게는 결정할 기회가 주어진다. 언제부터 특별한 훈련을 시킬 것인가? 무엇을 가르칠 것인가? 어느 정도의 양을, 얼마나 빠르게 가르칠 것인가? 대단히 놀라운 결과를 가져온 경우도 있었다. 두 살에서 다섯 살 사이의 어린이가 읽거나 쓰고, 두 가지 이상의 언어를 말하며, 바이올린과 피아노로 고전 음악을 연주하고, 말을 타거나 수영을 하고 체조를 하기도 한다.

목표는 신체적인 면보다는 정신적인 면이 대부분이다. 두 살 된 한 어린이는 100까지 세고 정확히 덧셈을 하며, 2,000단어의 어휘력이 있고 5개의 단어로 된 문장을 읽으며, 완전한 음조를 낼 수 있었다고 한다. 세 살 된 한 아이는 세포의 각 부분을 도표에서 지적해 주자 미토콘드리아, 소포체, 골지체, 중심립, 액포, 염색체 등의 각 명칭을 말했다고 한다.

그런가 하면 세 살 된 아이가 바이올린을 켠다. 어느 네 살 된 아이는 일본어와 프랑스어를 영어로 번역하기도 한다. 아주 어린 아이들에게 높은 수준의 수학을 가르치는 노력을 한다. 일부에선 이러한 집중적인 훈련에 대해 열광적인 반응을 보이는 반면에, 그러한 반응을 보이기를 꺼리는 사람들도 있다. 이러한 경과에 대한 전문가들의 반응의 대표적인 예를 들면 다음과 같다.

"대체적인 증거는 어린이에게 일찍부터 학구적인 기술을 습득하게 하는 것은 별로 좋지 않다는 것이다. 그러한 기술을 습득할 수 있다는 증거는 많이 있다. 하지만 문제는 할 수 있느냐 없느냐가 아니라, 즉각적인 그리고 장기적인 결과가 무엇이냐 하는 점이다."

"그것은 어린이를 소형 컴퓨터로 전락시키는 이론이며, 그로 인해서 어린이는 숨돌릴 겨를도 갖지 못한다."

"어린이는 솔선해서 자신의 환경을 조사함으로써 배운다. 우리는 억지로 정신적 발달을 하게 함으로써 감정적 발달 및 사교술과 같은 다른 형태의 발달을 방해할지도 모른다."

"내가 말하고자 하는 것은, 영리함과 건전한 발달을 동일시하지 않도록 조심하라는 것이다. 지적인 탁월함을 얻기 위해서 동등하거나 심지어 훨씬 더 중요한 다른 부면의 진보를 희생하는 경우가 매우 빈번하다는 것이다."

"이것은 부모와 자녀 사이의 건전한 관계가 아니다. 마치 자녀에게 '네가 영리하니까 널 사랑한다'고 말하는 격이다."

자녀를 억지로 신동이나 천재로 만들려고 하는 부모가 있다는 점에는 의문의 여지가 없다. 그러한 경우에 부모의 자존심과 자부심이 다른 무엇보다도 강한 동기가 되었다. 자녀들은 부모의 자랑거리로 이용당하는 것이며, 부모는 반사되는 영예를 받고 있는 것이다. 많은 학자들은 신동을 만들려는 생각에 반대한다. 그들(부모)의 목표는 매우 지적이고 극히 유능하며 사람들을 즐겁게 해주는 완벽한 자녀가 되게 하는 데 필요한 모든 지식과 정보를 얻고 적용하기를 바라지만, 그건 정말이지 좋은 결과를 얻기 어렵다.

배우는 일은 아이에게 단조롭지 않고 재미있는 일이 되어야 한다. 아이는 정신적으로 신체적으로 감정적으로 고루 발달해야 한다. 자녀를 가르친다는 것은 자녀에게 즐거운 선물을 주는 것과도 같은 것이다.

이부카 마사루는 조기 훈련이 천재를 낳는지의 여부에 관한 질문을 받고서 이처럼 대답하였다. "조기 발달을 지향하는 단 한 가지 목적은 어린이가 적응성 있는 정신과 건강한 몸을 가지며 밝고 온화한 사람이 되도록 교육하는 것입니다."
어린이에게 바이올린 지도를 성공적으로 하는 것으로 이름난 스즈키 시니치는 이처럼 말한다. "이 '영재 교육'이라는 말은 지식이나 전문 기술만이 아니라 도덕, 성격 형성 및 미의 감상에도 적용됩니다. 이러한 것은 교육과 환경에 의해서 얻어지는 인간의 속성이라고 생각합니다. 따라서 우리의 활동은 소위 신동을 길러 내는 것과 관련되어 있지도 않고, 단지 '조기 발달'만을 중요시 하려고 하지도 않습니다. 영재 교육이란 '전인 교육'을 나타내는 말로 봐야겠지요."

억지로 연습을 시키는 것은 비효과적이면서도 바람직하지 않다고 스즈키는 생각한다. 아이들이 얼마 동안이나 연습을 해야 하는지에 대한 질문을 받자, 그는 전혀 엄격한 계획표를 말하지 않는다. "아이들이 쩔쩔매고 있을 때 반 시간 동안 아이들에게 매달리는 것보다는 준비시키고 잘 돌봐 주면서 이 분간씩 하루에 다섯 번 연습시키는 편이 훨씬 낫습니다"라고 그는 말한다.

그러면, 어린 자녀를 조기에 가르치려 할 때 어떠한 것을 중요하게 생각하는 것이 균형을 잘 잡는 길일까?

교육은 언제부터 시작되어야 하는가?

"사진을 보면 아빠가 아이에게 무엇을 하고 있는 것처럼 보일까요?"

[그림 18] 책 읽어주는 아빠

이렇게 질문하면 대부분 책을 읽어주고 있다고 답을 한다. 당신도 만일 그렇게 생각을 하고 있었다면 그건 순수하지 않아서이다.

마음이 욕심으로 가득 차있기 때문이다. 책을 읽어줄 때 순수하게 읽어주는 것에만 집중하는 것이 아니라 읽어주는 행위 역시 공부라

PART 4. 유치원 교육이 얼마나 중요한 것일까?

고 생각하고 글을 빨리 떼야 한다는 욕심과 성적에 대한 갈망이 이 유일 것이다. 그러나 좀 더 주의 깊은 통찰이 필요하다.

아이는 사진에서와 같이 아빠의 품에 안겨 있다.
아이의 등은 아빠의 가슴과 밀착되어 있다.
아이의 등을 통해 아마도 아빠의 심장의 고동소리가 온 몸으로 전달되고 있을 것이다. 이 느낌은 아빠로부터 자신이 얼마나 소중한 존재인지, 얼마나 사랑받고 있는지, 얼마나 귀한 존재인지를 느끼게 할 것이다.

아빠가 책을 읽어줄 때 들숨과 날숨이 교차하면서 아이의 머릿결에 그리고 피부를 간지럽게 할 때의 간지러움은 세상에서 가장 행복하고 기분 좋은 간지러움일 것이다.
아빠의 품에 안겨 있는 아이는 아빠의 향기를 맡게 될 것이다. 그 향기는 우주에서 가장 강하고 안전감을 주는 향기일 것이다. 이것을 바로 애착(attachment)이라고 한다.

교육은 바로 이것에서부터 시작하는 것이다.
나중에 아이가 자라서 학교에서 공부도 잘 하고 명문대학을 가고 전문직에서 일을 하는가는 지금 중요한 것이 아니다. 부모가 원하는 것을 들어주고 싶고 좋아하는 대로 하기를 망설임 없이 하고자 하는 것은 바로 마음에서 일어나는 작용이기 때문이다.

마음에서부터 자연스런 행동으로 옮겨가기 위해서는 관계성이 좋아야하는 건 당연하다.

행복감을 느끼는 아이의 행복이 성공에 어떠한 영향을 줄 수 있을까?

우리가 행복이라는 것을 너무 거창하게 생각해서 그렇지 사실 행복은 우리 주변에 자연스럽게 스며있는 것이다.

아침에 상쾌함을 피부로 느끼는 느낌, 크게 노력하지 않아도 내 앞에 있는 사랑하는 사람을 정확하게 알아볼 수 있는 눈의 기능, 원하는 방향으로 걸어가면서 애써 왼발 오른발을 의식하지 않아도 자연스럽게 걷게 되는 상황, 호흡할 때 들숨과 날숨을 세어가며 의식하지 않아도 어렵지 않게 자연스럽게 호흡이 이루어지는 것과 듣고 싶은 음악이나 자연에서 들리는 소리들을 듣게 되는 모든 것들이 사실은 큰 행복이라는 것을 알게 될 때 행복의 가치를 다시 생각하게 된다.

너무도 일상적이고 자연스러운 것이어서 의식하지 않아도 되는 것들이 누군가에게는 그토록 절실하고 소망해도 이룰 수 없는 꿈과 같은 것일 수도 있다. 불행한 일이지만 예를 들어 보면 한때 대단한 춤꾼으로 그리고 가수로 큰 인기를 얻었던 강원래 씨를 생각하지 않을 수 없다. 그는 대단한 춤꾼이었다. 교통사고로 장애를 갖게 되었을 때 우리에게는 너무나 자연스러운 일상들, 의식하지 않아도, 노력하지 않아도 할 수 있는 것들이 그에게는 평생을 소원해도 이루어질 수 없는 간절함이 되었을 것이다.

교육은 언제부터 시작되어야 하는가?

행복감

　대부분의 사람들은 행복의 가치를 너무 큰 것만 대단한 것으로 여기고 남들이 갖지 않은 것들을 갖는 것을 성공이라고 생각하지만 지금 내가 누리고 있는, 내가 경험하고 있는, 가족과 함께 하고 있는 그 작은 것들이 진정한 행복이라고 느낄 때 큰 행복도 기대할 수 있지 않을까? 조심스럽게 필자는 생각한다.

　독일의 괴테는 행복을 정의하면서 왕이든 농부이든 가장 행복한 것은 '집안에서의 행복이다'라고 말하고 있다. 왕과 농부를 대조적으로 비교한 것은 참으로 재미있는 일이다. 최고의 권력자와 그들 스스로 힘든 일로 매일 매일의 생활을 걱정해야 하는, 자식에게 물려주고 싶지 않은 직업인 농부를 비교한 것이니 말이다. 우리도 예전에 시골에서 부모님들이 농사를 짓고 자식을 가르치고 공부시키며 가장 많이 했던 말은 "우리처럼 농사 지으며 고생시키고 싶지 않아 공부 시킨다"라는 것이었다.

　눈으로 식별하고 보이는 모든 것을 '명사'라고 한다. 그리고 모양을 하고 있어 앞에 수식어를 붙여 물질이라고 하고 '물질명사'라고 한다. 언어학자들은 이러한 것에 정의를 내리기는 쉽지만 눈에 보이지 않는 것을 정의하는 것은 어렵다고 한다. 이를테면 정의적 개념 같은 것 말이다. 그 중의 하나가 행복이다. 행복은 그리스어로 마카리오스 (μακάριος; Makarios), 최고의 희열, 신들이 즐기는 기쁨으로 표현되어 있다.

행복은 지극히 정서적인 개념이고 주관적인 것이라서 정의하기가 어렵다. 오죽하면 독일의 대문호인 괴테(Johann Wolfgang von Goethe)나 그리스의 위대한 철학자인 아리스토텔레스(Aristoteles) 역시 행복을 정의하기는 매우 어렵다고 했겠는가. 그들은 굳이 정의한다면 그것은 "최상의 좋음", 그리스어로는 마카리오스 (μακάριος; Makarios) 즉 신들이 느끼는 "행복, 희열"이라고 했다. 인간이 어찌 신들이 느끼는 행복과 희열을 이해하고 경험할 수 있을까? 그 정도로 행복은 정의하기 어렵다는 것에 부모님들도 동의할 것이다.

구체화된 개념과 정의적 개념, 매우 높은 이상을 요구하는 단어이다. 사랑, 충성, 명성, 의리, 애정 등 높은 수준을 요구하는 단어들 중 단연 최고는 행복일 것이다. 행복을 정의내리기는 어렵다. 왜냐

하면 오지에 살아도 행복을 느낄 수 있기 때문이다. 반면에 돈, 부, 명예, 권력 등을 가진 자는 누가 보아도 부러움의 대상이지만 정작 당사자는 죽지 못해 살 수 있기 때문이다.

물질이 행복을 보장하지 못한다는 말이다. 괴테는 계속 행복을 정의하면서 가정에서 가족이 서로 많은 대화를 나누고 사랑을 표현하는 것이 중요하다고 말한다. 낮에 모든 권력을 가진 왕이 집에 돌아갔을 때 표독스러운 아내가 도끼눈을 뜨고 기다리고 있거나 망나니 같은 자식이 기다리고 있다면 그는 행복할 수 없다. 가끔 여행을 하다 보면 너무나 아름다운 곳을 발견하게 된다. 그곳에 가족의 행복을 위해 땅을 구입하고 모든 재산과 시간을 들여서 아름다운 집을 짓고 가족이 행복하게 살 준비가 다 되어 있다. 그리고 어느 날 한 사람이 옆에 집을 짓고 이사를 왔는데 알고 보니 조직 폭력배의 두목이라면 행복을 보장받을 수 있는가?

행복이란 나와 내 가족만으로 조건이 충족되는 것이 아니라 주변과 사회와 국가가 그 역할을 다 할 때 행복이 보장되는 것이다. 우리나라의 사교육비는 32조원을 육박한다. 그것은 국가 예산의 10% 정도를 차지하는 것이고 이러한 사교육비 지출의 가장 큰 이유는 자녀의 성공이다. 정말 지출되는 비용에 비례해서 행복은 보장되는 것일까?

OECD 국가 중 우리나라의 사교육 지출 비용은 1, 2위를 다투고 있지만 불행하게도 아이들의 자살률은 OECD 평균의 3배에 육박한다.

[그림 19] 사교육비와 자살률

이러한 데이터만 놓고 보아도 우리는 무엇이 행복이고, 성공인지를 다시 한 번 생각해 볼 필요가 있겠다. 그리고 아이들이 받는 스트레스, 견딜 수 없는 부담감, 부모의 요구에 끊임없이 부응해야 하는 책임, 이 모든 것들이 아이들의 성장에 좋지 않은 결과를 만들어가고 있다.

"내 아이는 아름답고 고운 언어를 사용하는 착한 아이일까?
아니면 가끔이라도 욕을 하고 거친 표현을 쉽게
사용하는 아이일까? 아마도 전자이기를 바랄 것이다."

언어가 만들어 내는 힘

언어가 만들어 내는 힘

내 아이는 어떤 아이인가?

주변의 영향

언어가 만들어 내는 힘

무엇을 말하고 있는 것인지 맞춰보기 바란다.

1. 25.7%가 습관적으로 말한다.

2. 18.2%가 남들도 하니까 한다고 한다.

3. 17%가 스트레스를 풀기 위해서 그랬다고 말한다.

4. 8.2%가 남들이 만만하게 볼까봐 그랬다고 한다.

5. 4.6%가 누군가를 무시하거나 비웃기 위해서 그렇게 할 수 밖에 없었다고 말했다.

이처럼 전체 73.7%가 답을 했다. 무엇을 말하는 걸까?

아마 짐작을 했겠지만 바로 '욕' 이다

옛말에 '말 한마디가 천냥 빚을 갚는다'는 말이 있다.

의미는 다들 잘 아시겠지만 우리 입에서 나가는 말 한 마디가 그만큼 중요하다는 의미이다. 왜 이런 말이 나오게 되었을까?

그 배경을 잠깐 생각해보자. 과거 대부분의 상거래는 현금 보다는 물물교환 또는 현물의 형태로 이루어졌다. 평민들이 현금으로 거래할 기회가 거의 없었기에 백냥 또는 천냥이나 하는 현금을 갖게 되는 일은 극히 드문 일이었을 것이다. 따라서 천냥 빚을 갚는다는 의미는 사실상 문자적인 의미 보다는 말 한 마디가 갖는 가치가 그 만큼 크다는 의미일 것이다.

그런데 한참 성장해야 할 중요한 시기 다시 말해서 언어의 기능과 언어 발달에 영향을 주는 유치원 시기에 아이들의 입에서 아름답고 고운 언어가 아닌 상스럽고 폭력적인 거친 표현과 성적인 의미가 담긴 욕설을 자주 하게 되는 것은 아이의 건강한 성장과 인지발달에 좋지 않은 영향을 주게 될 것이다.

국립국어원 자료에 의하면 아빠의 의사소통 방식이 대화시간은 물론 아이의 욕설 빈도에 큰 영향을 주었다는 연구 결과가 있다. 아빠와 많은 고민에 대해 숨기지 않고 얘기할수록 대화시간이 길었고 반면 권위적이고 폐쇄적인 의사소통 방식을 택할수록 아이의 욕설 사용 빈도가 높아졌다.

아이가 유치원 또는 학교에 다녀왔을 때 무엇을 배웠고, 얼마만큼 배웠고, 몇 번을 손을 들고 답을 했으며, 받아쓰기 몇 점과 기타의 시험의 결과를 묻기 보다는 친구들과 얼마나 재미있었는지를 묻고

언어가 만들어 내는 힘

관심을 표현하는 것이 어떨까?

선생님에게 어떤 착한 행동을 했는지, 선생님의 말씀 중에 가장 재밌고 기억에 남는 것은 무엇이었는지 그리고 앞으로 어떠한 사람이 되었으면 좋겠는지와 같은, 부모가 궁금하고 원하는 바로 대화하기 보다는 아이 입장에서 흥미 있어 하고 즐거워할 만한 대화 방법을 찾아나가는 것이 바로 폐쇄적인 의사소통을 피하는 방법일 것이다.

이러한 대화법은 아이의 추후 언어 사용에 큰 영향을 줄 것이기 때문에 그렇다. 특히 아이가 좀 더 고차원적인 학습을 요구할 때 이것이 깊이 관련이 되어 있기 때문이다.(성적과 진로에 영향을 미치기 때문) 청소년 시기에 뇌 안에서 일어나는 프루닝(prunning)이라는 작업, 프루닝이란 '가지치기'처럼 많이 사용하는 것들에 대해서 필요한 것을 제외한 나머지 불필요한 것들을 뇌에서 없애버리는 작업이다.

그런데 거친 표현이나 욕을 많이 쓰면 쓸수록 대화에는 제대로 된 단어들을 사용하지 않아 점점 어휘력이 낮아지기 때문에 선생님이 하시는 말씀이나 책에 나와 있는 문장들이 쉽게 이해되지 않는 그래서 여러 번 반복해서 읽거나 여러 번 반복해서 말해주기 바라는 문제를 갖게 된다.

특히 욕은 자기조절과 통제력에도 영향을 주게 된다. 어떤 때는 좋지 않은 감정을 표현하지 않고 견뎌내야 하는 때도 있고 분노하거나 감정이 상할 때에 당장의 감정으로 생각나는 대로 말로 표현하지 말아야 될 때도 있다. 이러한 자기감정과 분노를 통제하거나 조절하는 능력이 떨어진다면 대인 관계에 있어 가깝게는 성적, 미래의 진로, 살아가면서 겪게 될 의사소통능력, 문제해결력, 심지어 사회성에까지 큰 영향을 주기 때문이다.

내 아이는 어떤 아이인가?

　내 아이는 아름답고 고운 언어를 사용하는 착한 아이일까? 아니면 가끔이라도 욕을 하고 거친 표현을 쉽게 사용하는 아이일까? 아마도 전자이기를 바랄 것이다. 그러나 내 아이는 집에서 보는 아이와 유치원, 학교에서 또는 밖에서 보는 아이가 생각보다 다르다는 것을 먼저 인정할 필요가 있다.

　최근 EBS교육방송에서는 아이들이 어느 정도나 일상에서 욕을 하는지 알아보기 위한 실험을 진행한 적이 있었다.

　- 초등집단은 62종류의 욕을 하루에 462회, 평균 15초에 한 번씩 하는 것으로 나타났다.

　- 그러나 절정은 중학생으로 33종류의 욕을 하루에 615회, 평균 11초에 한 번씩 한다는 것이 확인됐다.

　- 고등집단은 29종류의 욕을 하루에 193회, 평균 37초에 한 번 꼴로 했고

－ 대학군은 22종류의 욕을 하루에 170회, 평균 42초에 한 번 꼴로 했다.

[그림 20] 욕하는 아이들

중요한 것은 고학년으로 갈수록 점점 욕의 빈도는 낮아졌지만 언어와 학습에 필요한 상식을 넓게 배우고 경험해야 할 초등학교 시기에 영향을 크게 받고 있다는 점이 매우 우려스럽고, 점점 연령대가 낮아지고 있다는 것은 큰 충격이 아닐 수 없다.

한국교육개발원 자료에 의하면 대한민국 전체 아이들 중 73.4%가 욕을 자주 한다고 응답했고, 21.2%가 거의 사용하지 않는다고 응답했다. 나머지 5.4%는 전혀 사용하지 않는다고 답을 했는데 이 것은 빈도가 낮을 뿐 거의 대부분의 아이들이 욕을 사용하고 있다는 얘기다.

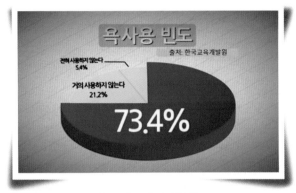

[그림 21] EBS 욕의 어원수업

아래 표는 아이들이 가장 많이 사용하는 욕 BEST 5이다.

[그림 22] EBS 욕의 어원수업

또 한 가지 주목해야 할 연구결과로는 카톨릭대학교 의과대학팀의 실험 결과 욕사용 빈도가 높은 그룹과 욕사용 빈도가 낮은 그룹 사이의 교감신경, 자율신경계 검사에서 강한 욕설을 사용했을 때 욕사용 빈도가 높은 그룹은 47.6%, 욕사용 빈도가 낮은 그룹은 63.3%, 약 15.7%의 교감신경의 변화의 차이가 있었다.

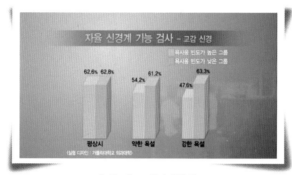

[그림 23] EBS 욕의 어원수업

이것은 직간접적으로 학습에 있어서 주의집중력에 그리고 기억에 영향을 준다는 의미인 것이다. 특히 주목해야 할 점은 분노, 공포 등을 느끼게 하는 감정의 뇌를 자극하며 이성을 담당하는 뇌의 활동을 막는다는 것이다. 다시 말하면 분노나 공포를 느꼈을 때 이성적인 판단을 하기 보다는 감정적으로 대처한다는 의미인 것이다. 이것

내 아이는 어떤 아이인가?

은 실제로 학교 폭력, 집단 따돌림, 성폭력으로 이어질 근거를 갖게 된다는 것을 알게 될 때 아이들의 언어 사용이 얼마나 중요한가를 느끼게 한다. 더구나 "욕"은 다른 단어들 보다 4배나 더 강하게 기억되기 때문에 순수단어에 집중하거나 기억을 오래 유지하는데 분명한 장애를 갖게 된다.

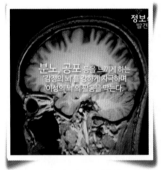

[그림 24] 정보의 발견

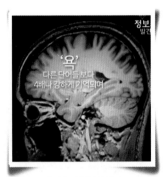

[그림 25] 정보의 발견

예를 들어 학교에서 수업 이후 10분간의 휴식이 주어졌을 때 아이들끼리 강한 욕설을 사용하며 휴식 시간을 보내고 수업에 들어가면 선생님의 말씀과 수업 내용에 집중하기까지 상당한 시간이(그것도 학습자가 공부하겠다는 의지가 분명히 있을 경우) 경과된 후에야 주의력이 환기된다는 것을 가정하면 욕이 학습과 성적에 미치는 영향이 크다고 하겠다.

그렇다고 무턱대고 욕을 사용하지 않도록 강요할 수도 없는 일, 설득을 위해서 전략이 필요할 것이다. 아이들이 사용하는 욕 대부분은 무슨 뜻인지도 모르고 의미도 모른 채 사용하는 욕들이 대부분이다. 만일 의미를 안다면 반복하여 사용하지 않거나 심지어 혐오스럽게 생각하기까지 할지 모른다.

무조건 야단치거나 욕을 하는 것이 얼마나 나쁜 것인지 경고하는 정도로는 아이들의 욕사용의 빈도를 줄이거나 멈추게 할 수 없다. 설득과 이해가 필요하다.

이와 같은 일환으로 중학생 아이들에게 욕에 대한 어원 수업을 진행하고 후속 작업으로 욕 수첩 활동을 한 달 동안 진행한 실험을 한 적이 있다. 이 때 아이들의 변화는 참으로 흥미로운 것이었다.

욕 어원 수업에서 아이들은 대부분의 욕들이 성적인 의미가 담겨 있고, 지저분하고, 입에 담기에 부끄러운 것이라는 것을 알게 되었을 때 경악했고, 어이없어 했으며, 그동안 의미도 모른 채 사용한 욕에 대해 부끄럽게까지 생각하는 결과가 있었다.

그러나 이러한 자극은 그리 오래 가지 않기 때문에 연구진들은 후속 조처로 욕 수첩 활동을 아이들에게 한 달 동안 진행하게 한 것이다. 이 때 욕 수첩 활동을 한 A반과 활동을 하지 않은 B반 2개 반으로 나누어 실험한 결과 A반은 욕사용이 많이 줄어들었고, 아이들끼리 싸울 때에도 욕을 사용하지 않게 되므로 심각한 단계까지 가지 않았으며 말을 막 하다가도 한 번 더 생각하고 말을 하게 되는 것 같다고 대답했다. 특히 A반과 B반의 뇌파 분석표에 의하면 욕의 어원 수업 후 욕 수첩을 기록한 A반은 그렇지 않은 B반에 비하여 뇌파가 큰 폭으로 상승된 차이가 있었다.

이 실험 결과는 아이들이 수업시간에 선생님 말씀에 주의력과 그리고 주의력을 유지하는 시간이 길었다는 의미이며 특히 성적에 영향을 준다는 것이다.

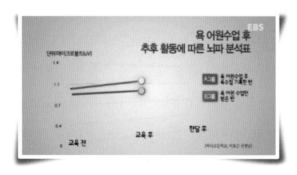

[그림 26] 욕수첩 활동 전 뇌파

연구 결과에 따르면 나쁜 말이 뇌에 끼치는 영향에서 좌뇌와 우뇌를 연결하는 신경다발의 통로 즉 뇌량이 어린 시절에 들은 혹은 하게 되는 나쁜 말에 의해 구조적 변형이 나타난다고 한다.

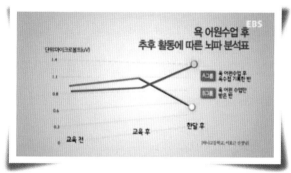

[그림 27] 욕수첩 활동 후 뇌파

학습에 있어서 중요한 역할을 담당하는 전두엽, 이성적인 사고판단을 담당하는 아이들의 전두엽은 나쁜 말(욕설)의 빈도가 높을수록 덜 발달되어 있어 변연계에 대한 통제력이 약하다는 것을 밝혀냈다. 변연계는 대뇌 피질과 뇌간의 중간에 위치한 감정의 뇌로, 정서, 기억을 담당하고 있으며, 학습기에 이미 거의 완성되어 나쁜 말에 민감한 반응을 보이므로 감정을 통제하지 못하고 분노를 조절하지 못하는 문제를 갖게 한다는 것이다.

내 아이는 어떤 아이인가?

변연계와 함께 연결되어 있는 해마는 감정과 기억을 담당하는 변연계의 한 부분으로 욕설과 같은 거친 표현이 사용된 나쁜 말의 영향으로 우울증 발현의 가능성이 높아진다는 것이다. 그래서 요즘 유치원 연령기 또는 초등 단계에서 우울증을 보이는 아이들이 많아져 상담치료로 이어지는 경우가 바로 이러한 점을 반영한다.

언어 사용이 성장에 미치는 영향은 매우 크다. 유치원(저학년)부터 이루어지는 나쁜 말과 욕설은 청소년 시기에 성적 부도덕, 흡연, 학교폭력, 청소년 범죄를 우발적으로 일으킬 가능성이 일반 아이들에 비해서 10배 이상 높다는 것이다.

부모와 어른들이 보여야 하는 본은 매우 중요하다. 어른이 욕을 하면 그럴 수도 있다고 생각하는 반면, 어린이들이 욕을 하면 큰일이라도 난 것처럼 생각하는 이유는 무엇인가? 욕을 해도 괜찮은지가 나이로 결정되는 것일까? 욕을 하는 사람들이 워낙 많은 데다 나이에 따라 다른 표준이 적용되는 것처럼 보이기 때문에 "욕을 하는 게 그렇게 잘못된 건가?" 하는 생각이 들지도 모른다.

주변의 영향

　욕을 하는 사람들이 많다는 것은 분명한 사실이다. 사실, 누군가가 욕을 할 때마다 1,000원씩 받는다면 돈을 벌 필요가 없고 부모도 일을 그만두어도 될 것이라고 말할 사람들도 있을 정도이다. 열다섯 살인 진희는 이렇게 말한다.

　"학교 친구들은 평소에 대화를 나눌 때 한 문장을 말하면서도 욕을 몇 번이나 하는지 몰라요. 하루 종일 욕을 들으면서 지내다 보면 자기도 모르게 그런 말이 나오기가 쉽죠."

　진희처럼 내 주위에도 욕을 하는 사람들이 많은가? 나도 욕을 하는 습관이 생겼나? 만일 그렇다면 자신이 욕을 하는 이유가 무엇인지 잠깐 생각해 보기 바란다. 이유를 알면 그 습관을 고치기가 더 쉬울 것이기 때문이다.
　이 점을 염두에 두고 다음의 질문들에 답해 보자.

📜 욕을 하는 이유는 주로 무엇입니까?

☐ 분노나 좌절을 표출하기 위해

☐ 주목을 받기 위해

☐ 친구들과 어울리기 위해

☐ 터프해 보이기 위해

☐ 어른들의 권위에 도전하기 위해

☐ 기타

📜 자신은 어떤 상황에서 가장 욕을 하고 싶어집니까?

☐ 친구들과 있을 때

☐ 직장에서

☐ 이메일이나 문자 메시지를 보낼 때 또는 메신저로 대화를 나

눌 때

☐ 혼자 있을 때

🗞 아이에게 물어보세요. 욕하는 것을 어떻게 정당화합니까?

☐ 친구들도 한다

☐ 부모님도 한다

☐ 선생님들도 한다

☐ 텔레비전이나 영화 같은 것을 봐도 온통 욕뿐이다

☐ 나쁠 것 없다. 욕도 말일 뿐이다

☐ 욕을 들어도 불편해하지 않는 사람들 주위에서만 욕을 한다

☐ 기타

그러면 도대체 욕하는 습관을 고쳐야 하는 이유는 무엇인가? 욕하는 것이 정말 그렇게 나쁜 것인가?

다 똑같은 말에 불과하지 않은가. 우리가 하는 말을 보면 우리가 어떤 사람이 되고 싶어 하는지도 알 수 있지만 우리가 현재 어떤 사람인지도 알 수 있다. 단지 다른 사람들이 욕을 하기 때문에 욕을 한다 하더라도 그들을 따라 하는 것은 자기 주관이 없는 사람임을 드러내는 것이다.

언어 전문가인 제임스 오코너는 이렇게 말한다. "욕을 하는 사람들은 대체로 쌀쌀맞고 비판적이고 냉소적이며 화를 잘 내고 논쟁을 좋아하고 찌푸린 얼굴로 불평을 늘어놓는 경향이 있다." 예를 들어 일이 자기 뜻대로 풀리지 않을 때마다 욕을 하는 사람은 모든 일이 자기가 원하는 대로 되어야 한다는 생각을 가지고 있는 것이다.

이것은 마치 실수를 도저히 용납하지 못하는 것과 같다. 반면에 욕을 하지 않는 사람들은 "대개 일상생활을 하면서 짜증스러운 일이 생겨도 잘 대처할 수 있는 차분하고 성숙한 사람들"이라고 오코너는 지적한다. 내 아이는 어떤 사람이 되기를 바라는가?

욕을 하면 평판이 나빠진다

대부분 그렇듯이 당신도 아마 외모에 신경을 쓸 것이다. 다른 사람들에게 좋은 인상을 주고 싶기 때문일 것이다. 하지만 외모 보다는 말을 어떻게 하느냐가 다른 사람들에게 더 큰 영향을 미칠 수 있다는 것을 알고 있는가? 사실 우리가 말을 어떻게 하느냐에 따라 다음과 같은 것들이 결정될 수 있다.

■ 어떤 사람을 친구로 사귀게 될 것인가?
■ 어떤 일자리를 얻게 될 것인가?
■ 가족과 주변 사람들에게 얼마나 존중을 받게 될 것인가?

외모에 의해 결정된 첫인상은 일단 대화가 시작되면 금방 달라지기 마련이다. 진희는 이렇게 말한다. "별 생각 없이 욕을 하다가 새로운 친구를 사귈 기회를 얼마나 많이 잃었는지, 그리고 다른 사람과의 관계가 멀어지거나 그들의 존중심을 잃은 적이 얼마나 자주 있었는지는 알 수 없는 일이예요." 여기서 어떤 교훈을 얻을 수 있는가? 상스러운 말은 자신에게 해가 될 뿐이라는 것이다.

욕을 하는 것은 언어 기능을 마치 쓰레기로 만드는 것과 같다. 예를 들어, 친구에게 옷을 선물했는데 친구가 그 옷을 걸레나 신발을 닦는 매트로 사용하는 것을 보게 된다면 어떤 생각이 들겠는가? 우리가 부모로부터 선물로 받은 언어 기능을 제대로 이롭게 사용할 필요가 있다.

욕을 하지 말아야 할 이유는 분명하다. 하지만 욕을 하는 습관이 몸에 배어 버렸다면 어떻게 그 습관을 극복할 수 있을까?

첫째: 변화의 필요성을 인식한다. 욕하는 습관을 버리려면 말하는 방식을 바꿀 때 무슨 유익이 있는지 이해해야 한다. 다음 중 욕하는 습관을 버리려는 동기가 될 수 있는 것은 무엇일까?

■ 다른 사람들로부터 더 많은 존중을 받는 것
■ 어휘를 늘리는 것
■ 더 나은 사람이 되는 것

둘째: 욕을 하는 근본 이유가 무엇인지 파악한다. 진희는 이렇게 말한다. "욕을 하면 터프해 보인다고 생각했어요. 사람들이 나보고 이래라 저래라 하는 게 싫었거든요. 나도 친구들처럼 사람들을 휘어잡으면서 혼내주고 싶었어요."

나와 내 아이는 어떠한가? 자신이 왜 욕을 하는지 이해하는 것은 문제에 접근하는 방법을 결정하는 매우 중요한 요소이다. 예를 들어 누구나 다 욕을 한다는 이유만으로 욕을 하는 것이라면 자기 주관을 가질 필요가 있다. 자신이 옳다고 생각하는 대로 행동하면서 그에 대해 적절한 자부심을 갖는 것은 자아 성숙에 매우 중요한 부분으로, 욕을 하는 습관을 없애는 데 큰 도움이 된다.

셋째: 자신의 의사를 표현하는 다른 방법을 찾아보자. 욕을 하는 습관을 없애는 것은 그저 충동을 억누르기만 하면 되는 문제가 아니다. 그런 습관을 극복하려면 "대단한 각오와 결단"을 해야 한다. 그러면 자제력이 강해지고 자긍심이 커질 뿐 아니라 다른 사람들에 대한 존중심도 갖게 될 것이다.

"초등학생을 대상으로 도덕지수가 높은 그룹과
도덕지수가 평균적인 그룹을 놓고 도덕성 실험을 하였을 때
도덕지수가 높은 그룹은 정직성, 자제력, 집중력이 높았고
도덕지수가 평균적인 그룹은 또래문제, 과잉행동, 공격성,
왕따가 상대적으로 높았다. 이것은 곧 도덕성이
성적과 진로에 미치는 영향이 크다는 것을 보여주는 것이다."

도덕성과 적기교육(Imprinting)

도덕은 어떻게 되었는가?

정부 관리, 정계 입후보자, 종교 지도자 등 우리는 이런 지위에 있는 사람들이 행실에서 모범이 되기를 기대한다. 하지만 요즘 들어 그런 지위에 있는 사람들이 충격적인 추문으로 악명을 떨치고 있다. 그들은 뻔뻔스러운 거짓말과 부정 축재와 횡령에 이르기까지 온갖 종류의 비리를 저지르고 있다.

『아메리카의 윤리 소멸(The Death of Ethics in America)』이라는 책에서는 이렇게 한탄한다.

"국민이 치명적 질병인 후천성 면역 결핍 증후군(Acquired Immune Deficiency Syndrome)에 걸려 있는 한편, 다른 종류의 AIDS(Acquired Integrity Deficiency Syndrome : 후천성 도덕 결핍 증후군)가 유행병처럼 퍼져 있는 것 같다. 하지만 전자의 경우와는 달리 치료책을 절실히 요청하는 외침은 없다."

〈타임〉지는 미국이 "도덕적 곤경에서 허우적거리고 있다"고 지적한다.

미국만 도덕적 곤경에 처한 것은 아니다. 최근 들어 그리스, 독일, 이스라엘, 인도, 인도네시아, 일본, 중국, 프랑스 역시 저명인사들이 관련된 추문으로 떠들썩하였다. 그리고 사회 지도층의 비윤리적 행위는 일반 대중의 비윤리적 행위를 그대로 반영한 것이므로 그리 놀랄 일은 아니다. 타이의 수상은 그 나라의 부패를 "암 같은" 것이라고 하였다. 사회 전체가 탐욕과 사회의 왜곡된 가치관에서 발단된 병폐로 고통당한다고 그 수상은 덧붙였다.

사람들이 이렇게 궁금해 하는 것도 무리가 아니다. '세계적으로 도덕관이 이토록 표류하는 원인은 무엇인가? 더 중요한 것으로 도덕관은 온통 어디로 가고 있는가?'

도덕은 어떻게 되었는가?

'도둑질이 도둑질이 아닌' 경우

미국 오하이오 주 콜럼버스에서 장갑 트럭의 뒷문이 느닷없이 열리면서 돈자루 두 개가 떨어졌다. 200만 달러에 달하는 지폐가 온통 바람에 날리다가 길에 떨어지자, 차를 몰고 가던 많은 운전자들이 차를 세우고 쏜살같이 달려나와 돈을 주워서 주머니와 지갑에 쑤셔 넣었다. 일부 운전자들은 그런 도둑질을 함께 하려고 CB무선통신(Communication Band, 누구나 사용하도록 열어놓은 주파수)으로 다른 사람들에게 연락하였다.

돈을 반환하는 사람에게 10퍼센트의 사례금을 주겠다는 공식 요청과 제의가 있었으나 소용없었다. 사람들은 대부분 "주운 사람이 임자"라는 말을 따랐다. 그 액수 중 아주 소액만 돌아왔을 뿐이다. 한 사람은 그 돈이 "하느님의 선물"이라고 말하면서 그 도둑질을 정당화하기까지 하였다. 하지만 그런 사건은 특별한 사례가 아니다. 캘리포니아 주 샌프란시스코와 캐나다 토론토에서도 장갑 트럭에서 돈이 떨어지자 지나가던 사람들이 똑같은 방식으로 탐욕을 부렸다.

보통 때는 정직하고 곧은 사람들이 그토록 쉽사리 도둑질을 한다는 것은 우려할 만한 일이다. 적어도 그것은 일반 사람의 도덕 개념이 얼마나 비뚤어져 있는가를 보여 준다. 뉴욕 컬럼비아 대학교 철학과 조교수인 토머스 포그는 사람들 대다수가 개인의 것을 훔치는 것은 도덕에 어긋나는 것으로 생각하지만, 어떤 단체의 것을 훔치는 것은 그다지 대수롭지 않은 일로 생각한다고 논증한다.

과일도, 채소도 추수기가 있다. 사람도 성장과정에서 발달 시기가 있다. 걸음마를 시작할 때, 말을 시작하게 되는 때, 학습이 시작될 때, 그리고 신체, 사고, 정서 이러한 것들이 발달하는 시기, 즉 인지 발달에 따른 적절한 시기(적기 교육), 그것을 교육의 의무라고 한다.

우리 아이들에게는 보물이 있다. 숨겨진 보물. 다중지능이다. 아이가 성장하면서 보여주는 다양한 재능들, 강한 지능과 약한 지능, 강한 지능으로 약한 지능을 끌어올리면서 단점을 극복하고 개선하면서 작은 성공의 값진 경험을 여러 번 쌓으면서 큰 성공을 준비하는 4차 산업 혁명의 시대를 살아갈 경쟁력을 갖춘 사람으로, 앞으로 살아가면서 어려움이 닥칠 때 쉽게 좌절하지 않고 포기하지 않으면서 흥미를 잃지 않고 꾸준히 도전하는 긍정적인 사람으로 성장할 많은 보물들을 우리 아이는 갖고 태어나는 것이다.

지구상에 많은 보물들이 있지만 발견하고 제련하고 가공하지 않으면 도저히 사용할 수 없는 딱딱하고, 무겁고, 울퉁불퉁 거칠고, 냄새나고, 끈적거리는 것일 뿐 우리 인간이 살아가는데 도움이 되지 않는 거칠고 딱딱한 광석이며, 끈적거리고 냄새나는 원유도 그 중 하나이다.

아기가 태어나서 그저 먹고 자고 별 생각이 없는 것 같아보여도 부모는 아이에게서 보물을 발견하려고 관심을 갖고 관찰하고 발견된 보물을 제련하고 가공해서 반짝반짝 빛나도록 노력한다면 우리 아이가 갖고 있는 여러 가지 보물들이 마치 무지개처럼 각각의 색이 합쳐서 아름다운 모습을 보여주는 것과 같이 우리 아이는 많은 사람들에게 이로운 사람으로, 사랑받는 사람으로, 함께 있으면 행복한 사람으로 성장하게 될 것이다.

갓 태어나서 40~50cm 밖에 되지 않는 아이, 혼자서는 아무것도 하지 못할 나약한 아이이지만 20년만 정성과 성의를 다해서 교육시키고 잘 키우면 역사적인 인물이 될 수 있다. 다시 말하면 인류의 대단한 인물들도 갓 태어났을 때 40~50cm 밖에는 되지 않았다는 점이다.

배우는 일은 모태에서 시작 된다

아리스토텔레스가 보기에 아이의 뇌는 출생시 타불라 라사 (Tabula Rasa) 즉 백지 상태였다. 펜실베이니아 대학교의 한 의학 교수는 1895년에 이렇게 기술하였다. "아이가 막 출생했을 때, 그 지능은 식물보다 별로 나을 게 없다." 민간전승(傳承)의 주장은 그와 달리, 아이는 모태 안에서부터 배우며 모태 밖에서 일어나는 일을 안다는 것이었다. 과학은 현재 아리스토텔레스와 그 교수가 둘 다 틀렸으며 민간전승이 옳았다고 말하고 있다.

뇌의 시작은 미미하지만, 그 완성된 상태는 얼마나 외경스러운가! 그것은 임신 제3주 기간에 신경판이라는 얇은 세포층에서 발달되기 시작한다. 신경학자 리처드 M. 레스택(Richard M. Restack)은 임신 끝에 이르러 그것이 무엇이 되는가를 이렇게 알려 준다. "그 순조롭지 못한 시작으로부터, 알려진 우주 내에서 가장 경탄스러운 기관이 발달하게 될 것이다." 그 과정은 아마 12만 5,000개의 세포로 시작하여 분당 25만 개의 속도로 증가한다. 레스택은 이렇게 덧붙인다. "마침내 그것들은 모든 뇌 기능의 기초가 되는 약 1,000억 개의 뉴런으로 증식될 것이다."

뇌가 자람에 따라, 뉴런들 사이에 접합부가 형성된다. 제8주 쯤에는, 시냅스라는 이 접합부들이 발달되어 곧 그 수가 수백만 개에 달함에 따라 태아의 여러 가지 뇌 기능을 떠맡게 된다. 또한 널리 호평받는 『아이 출생(A Child Is Born)』이라는 책에 의하면, "온전히 발달한 사람에게서 볼 수 있는 모든 것이 확립되는" 때가 바로 이 시점 임신 둘째 달 말이라고 한다. 모든 신체 부분이 제 위치에 있으므로 더 이상 배자(胚子)가 아니다. 세부 기관이 성장하고 완성되는 태아기(胎兒期)가 시작된 것이다. 그럼에도 불구하고, 낙태 옹호론자들은 그것이 살아 있는 것이 아니라고 감히 말한다.

7주 반이 되면 태아는 처음으로 움직이기 시작한다. 13주 쯤에는 미뢰(味蕾, 맛을 느끼는 미세포가 분포되어 있는 곳)가 기능을 발휘하며, 그후로는 양수에 설탕이 첨가되면, 삼키는 속도가 배로 빨라진다. 그러나 맛이 고약한 것을 첨가하면 태아는 삼키는 횟수를 급격히 줄이고 불쾌하다는 표시로 상을 찌푸린다. 15~16주 쯤에는,

숨쉬고 딸꾹질하고 빨고 삼키고 하품하고 눈을 움직이는 일이 이어지는 몇 주간에는 REM(rapid eye movement, 급속 안구 운동성) 수면까지 모두 일어난다. "제한된 정도나마, 태아도 모태 안의 세계에서 듣고 보고 맛보고 냄새 맡고 느낄 수 있다"고 레스택은 말한다.

갓난아이는 모태 안에서 자신이 경험했던 일, 이를테면 엄마의 심장 박동 소리 같은 것을 기억한다. 아이는 그 소리에 잠이 들고, 그 소리에 잠을 깨며, 그 소리를 들으며 쉬고, 그 율동적인 박동에 따라 움직인다. 그 소리는 변함없는 동무로서, 평온함과 안전감을 준다. 연구가들은 산과 병동에서 시행된 한 실험에서 그런 소리에 진정시키는 힘이 있음을 증명했다. 사람의 심장 박동 녹음 소리에 노출된 아이들은 그렇지 않은 아이들보다 덜 울고 더 잘 자랐다. 흥미롭게도, "태내 및 여타 소리는 그 음의 높낮이가 모태 안에서 들리는 소리와 엇비슷할 때만 (야단 법석 떠는 아이를) 진정시키는 효과가 있다."

태아의 뇌는 태내 활동과 관련될 뿐만 아니라 밖에서 일어나는 일도 알아차리고 기억한다. "비발디는 아직 태어나지 않은 아이가 좋아하는 작곡가 중 한 사람이다"라고 토마스 베르니 박사는 말한다. "또 한 사람은 모차르트다. 그들의 기운을 북돋우는 작품 중 하나를 전축으로 틀 때마다, 태아의 심장 박동 속도는 예외 없이 안정되고 발길질은 줄어들었다고 클레멘츠(Frederic Edward Clements) 박사는 보고한다. 반면에, 모든 형태의 록 음악은 대다수의 태아를 안절부절못하게 만들었다.”

노스캐롤라이나 대학교의 심리학자인 앤소니 드카스퍼 박사는 영양과 무관한 젖꼭지를 고안해서 아이의 빠는 속도와 압력을 측정해 보았다. 아이들은 빠는 방식을 바꿈으로써 자기가 듣고 싶은 녹음, 이를테면, 어떤 목소리나 이야기들을 골라낼 줄 알게 된다. 출생한 지 한두 시간밖에 안 된 신생아도 모태 안에 있는 동안 잠깐 달래는 말을 했던 아빠의 목소리를 골라낼 수 있다.

아이는 듣는 목소리를 골라낼 뿐만 아니라 감정적으로도 반응하여 울음을 그치고, 안정감을 갖는다. 마찬가지로, 아이는 엄마의 심장 박동 소리뿐 아니라 그 목소리도 골라내는데, 모태 안에서 자랄 때 이 두 가지 소리 모두에 친숙해졌기 때문이다.

또 다른 실험에서 드카스퍼는 16명의 임신부에게 ‘모자 쓴 고양이’라는 제목의 동화를 소리내어 읽게 했다. 임신 마지막 6주 반 동안 매일 두 차례씩 그것을 읽었다. 출생 직후 아이에게 젖꼭지 빠는 기구를 물린 다음, 녹음된 두 이야기 즉 ‘모자 쓴 고양이’와 ‘임금님과 생쥐와 치즈'를 틀어 주었다.

아이들은 빠는 속도의 차이로써 매 경우에 듣고자 하는 이야기로 '모자 쓴 고양이'를 골라냈다. 그것은 모태에서부터 들어온 이야기 였던 것이다. 아이들은 태 내에서 들어본 적이 없던 '임금님과 생쥐 와 치즈' 이야기 대신 거듭해서 그 이야기를 골라냈다. 나이가 몇이 든 아이들은 동일한데, 언제나 새로운 이야기를 듣기보다는, 자기 가 좋아하는 이야기를 자꾸자꾸 듣고 싶어 한다.

드카스퍼는 이렇게 결론지었다. "출생 뒤의 청각 선호는 출생 전 에 듣는 것의 영향을 받는 것 같다." 이러한 결과들을 보고한 레스 택 박사는 이렇게 말한다. "아이는 모태 안에서 배우며, 엄마의 목 소리, 심지어 그 억양과 책 읽는 것까지 알아듣는다." 그의 결론은 이러하다. "바꿔 말하면, 태아들은, 그것이 실제로 필요하거나 그것 을 사용할 것으로 기대되기 수개월 전부터, 모태 내에서도 청각으로 지각해서 배울 수 있다."

아이는 태 내에서 많은 것을 배운다. 배울 태세가 잘되어 있다. 앞 서 언급한 모든 점은 심지어 태 내에서도 뇌는 놀라운 것임을 보여 준다. 태 내에 있는 동안, 뇌는 뉴런을 전부 갖추게 된다. 신경 과학 자들에 의하면, "출생시, 신생아의 뇌에는 연결망을 형성하는 뉴런

배우는 일은 모태에서 시작 된다

수가 그 후의 어느 때보다도 더 많다."

모태 내의 이 새 생명체는 8개월 간 매우 분주하게 이러한 수십억 개의 뉴런을 만들고 또 그 사이에 수십억 군데의 접합부가 생기게 함으로써 움직이고 숨쉬고 빨고 삼키고 맛보고 오줌 누고 듣고 보고 배우며 기억할 수 있었다. 따라서 부모의 말과 행동, 습관, 생각이 아이에게 주는 영향은 놀라운 일이다. 아이를 키운다는 건 단지 먹이고 입히는 정도의 문제가 아니라 그만큼 책임이 따른다는 것이다.

땅을 파보면 광물, 광석, 광유, 금, 은, 동, 다이아몬드 등 각종 보물이 있는데 이것들의 특징은 발견해야 되고, 제련해야 되고, 가공해야만 빛이 나고 가치가 있는 상품이 된다. 그와 마찬가지로 사람의 숨겨진 보물도 발견하고 제련하고 가공해야 한다.

교육이 바로 사람을 빛나게 하고 가치 있게 만드는 것이다. 이 때 중요한 이론적 배경은 아마도 많이 들었을 법한 '일만 시간의 법칙'이다. '일만 시간의 법칙'이란 하루에 3시간씩 10년 정도 하면 그 결과를 만들어 낼 수 있다는 것이다. 그러나 그 하루에 3시간은 마치 복리이자와 같아서 증가하고 증폭된다. 학습에도 적기가 있다. 그 때 되지 않으면 나중에 잘 되지 않는 것과 같이 배움에도 때가 있고 정서나 감정 그리고 도덕에도 그것을 배우게 되는 때가 있다.

예를 들어 여러분은 아마 백화점에 갈 때 자신을 예쁘게 꾸미고 갈 것이다. 쇼핑을 하고 있을 때 반대편에서 서너 명의 주부들이 나를 계속 바라본다면 그 시선이 의식이 될 것이다. 이 때 '내가 오늘 예쁘게 꾸미고 나와서 멋져 보이나?'하고 기분이 좋고 긍정적인 느낌이 드는가? 아니면 '나를 왜 자꾸 쳐다보지? 우리가 언제 만난 적이 있나?'하며 불편하고 어색한가? 이 상황에서 느껴지는 감정은 매우 중요한 의미가 있다.

한 가지 더 예를 들면 엘리베이터를 탔을 때 혼자 타고 있으면 마음이 편한데 엘리베이터가 멈추고 누군가가 들어오면 어떠한가?

"안녕하세요? 저 1702호에 사는데 몇 호에 사세요?" 하면서 인사를 먼저 건네는가, 아니면 인사하는 것이 어색해서 주머니 속에 열쇠 꾸러미를 만지작거리거나 아무 이유 없이 스마트폰을 들여다보며 애써 상황을 무시하는가. 바로 이것은 본인의 이타성과 사회성을 보여주는 것이고 이러한 이타성과 사회성은 아이들에게도 직접적으로 영향을 주게 된다.

– [문용린 교수 다중지능비밀 인용]

특히 아이가 유치원에 들어가서 내가 아닌 다른 사람, 내가 아닌 우리, 혼자가 아닌 함께, 내 것이 아닌 우리 것이라는 개념을 갖게 하는데 매우 중요한 요소가 될 것이다.

아이를 키우면서 나만 예쁘고, 나만 사랑스러운 아이가 아니라 다른 사람이 보아도 예쁘고, 사랑스럽고, 함께 하고 싶은 그러한 감정을 갖게 하는 공감하는 능력을 만들어 주는 것이 매우 중요하다. 에릭슨(Homburger Erikson)이라는 학자는 사회심리 발달 과정에서 연령에 따라 형성되어야 될 사회심리 발달과정을 말하고 있다.

자아존중감과 도덕성으로 정의해 볼 수 있겠다. 이러한 자아존중감과 도덕성은 적기교육에서 만들어져야 될 가장 중요한 단계, 특정 기간 즉 임계기간(critical period) 중에 이루어지는 학습을 말하는데 특히 유치원 시기에 자기를 통제하고 조절하는 능력, 참여, 도움, 감정참기, 이해하기, 자기관리 이러한 단계에서 아이의 도덕성은 학습과 진로에 영향을 주게 된다.

그렇다면 도덕성은 무엇을 말하는 것인가. 단지 쓰레기를 줍거나 버리지 않거나, 침을 뱉지 않거나, 친절하거나, 거짓말하지 않거나 하는 정도의 의미인가? 학자들은 도덕성의 요소들을 정서적인 면 즉 양심, 공감, 이타성, 인지적인 측면, 자제력, 책임감, 분별력, 공정성 이렇게 분류한다.

그러나 한 가지 더 필요한 것은 행동이라고 말한다. 행동은 결과에 이르게 하는 중요한 요소라고 볼 수 있다. 알고 있는 것과 알고 있는 것을 실천하는 것은 큰 차이가 있기 때문이다. 우리는 흔히 교통법규를 지키지 않거나 상식적인 행동의 범위를 벗어나는 경우 이렇게 표현한다. "알 만한 사람이 왜 그래!" 이 의미는 알고 있는데도 배운 대로 행동하지 않고 있다는 점을 지적하는 것이다.

도덕을 정의하면서 학자들마다 차이가 있지만 가장 설득력 있는 정의로는 "우리가 함께 모여 살 때 내가 피해 보지 않으면서 상대도 유익하고 공히 모두가 이로운 것" 이것을 도덕이라고 정의한다. 여기에서 왜 나의 유익을 먼저 추구하지 않고 상대의 유익을 구했을 때 내가 피해 보지 않는 것인가 그리고 모두가 공히 이로운 것일까. 그 이유는 내가 먼저 이익을 구하면 스스로가 피해를 입기 때문이다.
– [문용린 교수 다중지능비밀 인용]

사람이 함께 모여 살 때 서로의 이익과 서로의 행복을 위해서 지켜야 할 생활의 규칙, 도덕에는 다음과 같은 요소들이 있다. 오래 참음, 친절, 선함, 온화, 자제력, 정직, 약속, 용서, 책임, 배려, 관심, 관대함, 평화 등이다. 개인이나 국가의 경쟁력도 얼마나 정직한

배우는 일은 모태에서 시작 된다

지, 약속은 잘 지키는지, 상대의 친절도가 어떠한지에 따라 위상이 달라진다. 우리는 도덕에 대해 어떤 견해를 가지고 있는가? 도덕이란 사람들이 옳고 중요하게 여기는 도덕적·윤리적 원칙들을 가리킨다. 도덕에는 용서, 정직성, 사랑, 생명 존중, 자제 등의 덕목도 포함된다.

따라서 도덕적 가치관은 자신의 행동과 우선순위와 인간관계에 영향을 주며, 자녀에게 어떤 도덕적 지도를 베풀 것인지에도 영향을 미친다. 하지만 이처럼 도덕이 중요한데도, 오늘날 도덕은 점점 붕괴되고 있다.

여러분은 먼저 한 약속과 중요한 약속이 있다면 어떤 약속 장소에 갈 것인가? 우리는 흔히 가까운 사람과 한 약속을 지키지 않는 경우가 많은 것 같다. 아내와 한 약속처럼. 만일 금요일 저녁에 식사를 하자고 약속을 했다. 그런데 그 날 나의 인사권을 가지고 있는 상사가 "저녁에 시간 있지? 시간 좀 비워 둬."라고 하면 당신의 선택은 어떠할 것인가? 아내와의 약속을 지키기 위해서 상사에게 오늘 저녁에 선약이 있다고 말하고 아내와의 약속을 지킬 것인가 아니면 아내에게 전화를 걸어 오늘 갑자기 중요한 약속이 생겼으니 다음으로 약속을 미루고자 할 것인가.

우선 당장 중요하다고 생각된 약속에 초점을 맞추겠지만 당신은 큰 것을 잃게 될 것이다. 아내의 신뢰, 믿음, 평생을 함께 할 거라는 약속. 이것은 아내 뿐만 아니라 다른 사람에게까지 적용될 것이고 당신의 평판은

  - 약속을 늘 지키지 않는 사람
  - 신뢰할 수 없는 사람
  - 자주 바뀌는 사람

그래서 믿을 수 없는 사람이 되어 성공할 수 있는 큰 기회를 놓칠 수도 있을 것이다. 별거 아닌 것 같은 약속이라도 먼저 한 약속이라면 그 약속부터 지키는 것이 도덕이다.

또한 용서는 어떠한가.
친한 사람과 관계가 나빠져서 증오하는 마음이 생겼을 때 이를 회복하는 것도 도덕이다. 용서를 빌면 배려해 주는 것이 아니라 마음에서 미워하는 생각을 없애는 것이다. 우리는 종종 용서할 때 조건과 단서를 단다.

"나한테 이런 표현을 하면…" 또는 "이런 태도를 보이면 용서할게."

이런 표현들이 진정한 용서에 이르는 과정일까? '흥정'은 용서가 아니다. 용서는 조건이 없다.

책임은 자신의 권한을 남용하지 않는 것, 그리고 곤란한 상황에서도 그 책임을 다하는 것이다.

우리는 가끔 TV에서 청문회를 볼 때 이러한 생각을 한다. 대부분 사회적으로 성공하고 사회의 리더로서 상당한 지위에 있는 사람들이 청문위원들의 질문에 "기억이 없다." "잘 모르겠다." 와 같은 대답으로 일관하는 것을 보게 된다.

그렇다면 청문회 이후 그들의 지위와 그들의 권력은 유지되는가 아니면 바닥으로 떨어지는가. 자신의 권한을 남용하지 않고 곤란한 상황에서도 책임을 다한다는 것은 어떠한 지위에 있든 그 상황을 회피하지 않고 올바른 뜻을 위해 최선의 노력을 다한다는 것을 의미한다.

대한민국의 학생 운동은 세계적이다. 외국에서까지도 민주화 학생 운동을 배우기 위해 한국을 찾을 정도로 그 위상이 남다르다.

당시에 정의와 도덕으로 무장한 사람들이 거리로 뛰쳐나와 민주화를 외쳤고 정의를 외쳤다. 그렇다면 그들이 현재 살아가는 사회는 학생 운동에 참여한 수만큼 정의와 도덕의 질이 높아졌는가? 자발성, 독립성, 주체성, 도덕성 소리만 높이면 되는 것이 아니라 행동이 계속 이어지는 일련의 과정이 연결되어야 하는 것이다.

[그림 28] 민주화 운동

　결과적으로 과거 정의와 도덕의 질을 외쳤던 그 수만큼 사회가 나아지거나 발전되지 않았다면 그 책임을 다하는 일련의 과정이 중단된 것이고 그것은 책임을 다하는 것이 아닐 것이다. 보편적인 이념에 해박하고 그것을 소유하는 것이 아니라 나만의 고유한 활동성을 갖는 것. 이념에만 해박하고 활동성을 갖지 못한다면 책임을 말할 뿐 책임을 다하지 않고 회피하는 것이다.

　도덕성이 강조되는 이유는 도덕은 성적과 진로에 영향을 주기 때문이다.

초등학생을 대상으로 EBS교육방송에서 도덕지수가 높은 그룹과 도덕지수가 평균적인 그룹을 놓고 도덕성 실험을 하였을 때 도덕지수가 높은 그룹은 정직성, 자제력, 집중력이 높았고 도덕지수가 평균적인 그룹은 또래문제, 과잉행동, 공격성, 왕따가 상대적으로 높았다. 이것은 곧 도덕성이 성적과 진로에 미치는 영향이 크다는 것을 보여주는 것이다.

위에서 언급한 성향들이 적기에 교육되고 훈련되지 않으면 사회성과 성공한 삶을 살아가는데 큰 어려움에 직면하게 될 것이다. 우선 당장 공부하는 시간과 공부의 양, 성적, 몇 등과 같은 숫자에 연연하기 보다는 내 아이가 앞으로 살아갈 세상에서 진정 필요한 힘을 만들어주는 지혜가 필요하다는 것이다. 이 점에 엄마들은 동의할 것이다.

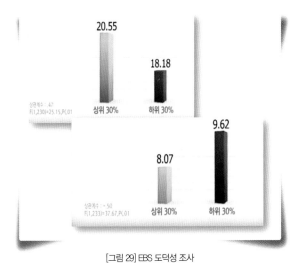

[그림 29] EBS 도덕성 조사

배우는 일은 모태에서 시작 된다

공감능력과 관계성

우리 인간이 동물들과 특별히 구분되는 특징의 하나는 공감능력이 있다는 것이다. 우리가 감동적인 장면이나 사회 소외계층의 고달픈 삶, 아프리카의 극심한 기근에 시달리는 뼈만 남아서 소리 내어 울지도 못하는 어린 아이가 나오는 다큐나, 인간극장과 같은 TV 시청을 하다가 나도 모르게 눈물을 흘리게 되는 것은 '아~불쌍하다, 너무 고통스럽겠다, 아프겠다…'와 같은 공감하는 마음이 매우 자연스럽게 형성되기 때문이다.

공감능력은 '당신의 기분을 이해하고, 당신의 상황을 조금이라도 알고 느끼고 있다'는 것과 같이 다른 사람의 상황이나 기분을 함께 느낄 수 있는 능력을 말한다. 이러한 공감능력은 인간이 태어나면서 자연스럽게 발전되어 간다.

아이들은 태어나서 얼마 되지 않았는데도 엄마의 목소리나 표정을 통해서 엄마의 감정을 판단하고, 엄마가 나누는 대화의 목소리

음색(tone)에 따라 무슨 뜻인지는 알지 못하지만 감정이나 분위기를 알아차리기도 하고, 놀이를 통해서 사회성을 배우고 공감능력 역시 발전해 나간다.

또 혼자서 바나나를 전화기처럼 귀에 가져다 대고선 마치 진짜 전화 통화를 하는 것처럼 어른 흉내를 내기도 하면서 대화를 나누는 놀이를 하거나 인형에게 이름을 붙여주고, 엄마가 자기에게 했던 것과 같이 먹여주기도 하면서, 자장가를 부르며 재워주고, 추울까 봐 옷도 입히고 이불을 덮어주며 잘 자라고 토닥이기도 한다. 이러한 모든 과정들은 다른 사람의 마음을 인지하고 이해하며 상대의 감정을 공감해가는 사회인지의 발달과정인 것이다.

[그림 30] 아이는 인형과의 놀이 등을 통해
상대방의 감정을 공감해가는 능력을 발전시킨다.

이러한 사회인지 발달은 예상보다 훨씬 어릴 때부터 시작되는데, 예를 들어 레파콜리(Repacholi)와 고프닉(Gopnik)(1997) 등은 아직 말도 제대로 하지 못하는 18개월 아이들조차 다른 사람의 입장을 생각할 수 있다고 하였다.

실험에서 실험자는 아이들이 싫어하는 야채와 아이들이 좋아하는 크래커를 아이들 앞에 두고서 크래커를 먹으면서는 Eww!으웩, 으으으(더럽다고 느끼는 감정표현) 하고 메스꺼운 표정을 보이고 야채인 브로콜리를 먹으면서는 Mmm 음음(맛이 있을 때 내는 소리) 하며 맛있다는 표정을 지어 보였다. 이후 연구에 참여한 18개월 된 아이들의 70%는 자신이 맛있다고 여기는 크래커가 아닌, 연구자가 맛있다고 표현한 브로콜리를 손에 올려쥐었다. 이와 같은 실험은 두 살도 안 된 아이들도 상대의 반응을 살피고, 그에 따라 행동할 수 있다는 것을 보여준다.

[그림 31] Repacholi와 Gopnik은 아이들에게 아이들이 좋아하는 크래커를 먹을 때는 메스꺼운 표정을 짓고, 싫어하는 브로콜리를 먹을 때는 맛있는 표정을 지어 보이는 실험. 〈출처:Gettyimages〉

점점 성장하고 나이를 먹으면서 타인의 마음을 이해하는 공감능력이 발달한다면 다른 사람의 입장을 배려할 줄 아는 아름다운 마음이 점점 더 커져야 할 것인데 과연 그러한가? 나이를 먹어가면서 '그 사람이 마음이 속상하겠구나, 많이 어렵겠다, 무척 힘들겠다, 아프겠다' 이렇게 이성으로는 상대를 이해하는 능력을 어느 정도 갖추게 되지만 타인을 진정으로 이해하는 공감능력을 모든 사람들이 같은 수준으로 다 가지는 것은 아닌 듯하다.

이러한 공감능력은 성장하면서 자연스럽게 발달되는 것은 아니다. 아주 어렸을 때부터 아이가 알아듣던 그렇지 못하던 관계없이 부모는 아이와 끊임없이 의사소통을 시도해야 한다. 아이들에게 필요한 것은 확고한 도덕적 구심점, 다시 말해 적절한 친구를 선택하고 올바른 결정을 내리며 다른 사람들과 공감하는 데 도움이 되는

닿과도 같은 것이다. 우리가 살고 있는 이 시대에 아이에게 닥치게 될 어려움을 헤쳐 나가는 데 무엇이 필요한지에 대해 누가 부모보다 더 많이 공감할 수 있을까?

많은 저명한 학자들은 부모에게 자녀와 지속적으로 의사소통을 해야 한다고 그 중요성을 강조한다. 그러한 대화에는 두 가지 이점이 있다.

첫째로, 그러한 대화를 하는 어린 자녀들은 앞으로 살아갈 세상에서 올바른 방향감각을 잡아가는데 있어서 그렇지 않은 아이들과 비교해 큰 차이를 보인다.

둘째로, 부모와 자녀가 지속적으로 이야기를 나누게 되는 관계성이 보장된다.

그렇게 하는 것은 어린 자녀들이 내성적이 되고 외로움을 느끼게 될 수 있는 때인 예측하기 어려운 청소년기에 접어들면서 특히 더 중요해진다.

전문가들은 부모와의 많은 의사소통을 통해서 배울 기회(유치원이나 학교에서 배우게 될 거라는 잘못된 생각)가 적다면 아이는 명

PART 6. 도덕성과 적기교육(Imprinting)

확한 한계의 부재가 청소년 범죄의 근본 원인일 수 있다고 말한다.

이와 관련하여 앞서 언급한 쇼 박사는 이렇게 말한다. "아이가 하고 싶은 대로 하도록 계속 방치되고 결코 '안 된다'는 말을 듣지도 않으며 한계를 경험하지도 않는다면, 그 아이는 결코 다른 사람들에게도 그들만의 삶과 감정과 필요와 의지가 있다는 사실을 배울 기회를 얻지 못하게 된다. 공감할 줄 아는 감각이 잘 발달하지 않으면, 아이는 사랑을 할 줄 모르게 될 것이다."

아이들에게 의사소통이 절실히 필요하다고 말한다. 물론, 갓난아이가 말을 할 줄 아는 것은 아니다. 그러나 부모의 눈, 손 및 몸의 접촉은 의사소통의 통로를 여는 데 크게 기여한다. 그러한 이유에서 많은 병원들이 더는 산모에게서 신생아를 떼어놓지 않아야 한다는 인식을 행동으로 옮기고 있다.

그리고 스웨덴의 연구자들인 '빈배리'와 '드샤토'는 이렇게 말한다. "이 기간 중의 친밀한 산모와 아이의 접촉이 아이의 발육에도 직접적인 영향을 줄 수 있지만, 그 일은 신생아와 산모와의 유대를 강화시켜주므로 산모에게는 훨씬 더 중요한 일일 것이다. 이러한 접촉은 유아에게 필요한 것에 대한 산모의 태도 및 민감도에 영향을 미치는 것 같다."

자녀들과의 의사소통의 좋은 출발을 위해 부모들은 그 밖에 또 어떤 일을 할 수 있는가? 전문가들은 부모들이 "자녀들이 어릴때부터" 자녀들에게 이야기해야 한다고 알려 준다. 그것이 현실적인가? 연구가들인 '빈배리'와 '드샤토'는 유아에게 노래를 불러 주는 것과 말하는 것이 "유아의 심리적 필요를 충족시키는 데 중요할 수 있다"고 주장한다.

러시아의 연구자인 'M. I. 리시나'도 아이들에게 다정하게 이야기하고 미소를 지으며 껴안아 준 실험들을 언급한다. 그 결과는? 두 달 후에 이 아이들은 그러한 관심을 받지 못한 다른 아이들보다 "현저하게 더 높은 발육 수준"에 이르렀다. 그러한 애정 있는 의사소통은 자녀에게 감정적 유익을 주며, 다른 사람들과의 상호작용이 아이의 언어 기능의 발달에 절대적으로 중요하다고 믿는다.

물론, 자녀들이 자라면서 양육하는 문제는 더 복잡해진다. 그러므로 가족들은 계획표를 세우는 것이 유익함을 알게 되었다. 이것은 의사소통을 증진시키고 발전시키는데 크게 기여할 수 있다. 그런 계획표는 다양하고 융통성 있게, 그리고 가족 모두가 즐길 만한 것이 되게 짤 수 있다. 틀림없이, 그런 계획표를 세우려면 모두의 적극적인 노력이 필요하다.

공감능력과 관계성

"적극적인 아빠의 돌봄이 있으면, 자녀는 자라서
유치원과 학교생활을 더 잘 하며, 더 나은 유머감을
갖게 되며, 다른 아이들과 더 잘 어울리게 된다.
그런 자녀는 더욱 자신감을 가지며, 배우고자 하는
더 나은 학습동기를 갖게 된다. 그런 아이는 4차 산업화 사회
의 핵심역량인 공감능력이 보다 높을 것이다."

아빠의 중요한 역할 II

아빠의 중요한 역할 II

보여주어야 한다

이 시기에 참으로 중요한 부모의 역할

부모는 무엇을 준비해야 할까?

아빠의 중요한 역할 Ⅱ

아빠가 제외되어서는 안 된다. 만일 출산 때 아빠가 그 자리에 있다면, 아빠와 아이 사이의 유대 관계가 생기기 시작할 것이다. 아동 발육 분야 전문가인 T. 베리 브래즐턴 박사가 다음에 설명한 바와 같이, 아빠의 역할은 시간이 갈수록 아이의 성장에 따라 그 영향력이 급속히 커진다.

"어느 자녀나 엄마와 아빠를 필요로 한다. 그리고 아빠의 역할은 분명히 엄마의 역할과 다르다. 아이에게는, 적극적이며 깊은 관심을 표현하는 아빠가 있는 것이 단순히 좀 더 잘 돌보는 엄마가 있는 것과는 다르다" 한 보고서를 예로 들면서, 엄마와 아빠가 자녀를 대하는 면에서 다르다는 것을 이처럼 설명하였다. "엄마는 아이에게 부드러우면서 행동을 소극적이고 조심스럽게 하는 편이다. 그에 반해, 아빠는 엄마보다 더 잘 놀아 주고, 아이를 간지럽게 하고 쿡쿡 찌르며 즐겁게 다룰 줄 안다."

그러나 단순히 재미있게 해주는 것이 아빠가 할 일의 전부는 아니다. 아빠는 그 이상의 역할을 한다. 적극적인 아빠의 돌봄이 있으면, 자녀는 자라서 유치원과 학교생활을 더 잘 하며, 더 나은 유머감을 갖게 되며, 다른 아이들과 더 잘 어울리게 된다. 그런 자녀는 더욱 자신감을 가지며, 배우고자 하는 더 나은 학습동기를 갖게 된다. 그런 아이는 4차 산업화 사회의 핵심역량인 공감능력이 보다 높을 것이다.

특히 남자 아이들은 선천적으로 아빠의 행동을 따라 하려는 경향이 있다. 가능하다면 일상 활동을 할 때 아들과 함께 하는 기회를 가져야 한다. 예를 들어 집안일을 할 때 아들에게 도와 달라고 하는 것이다. 작은 빗자루나 청소도구를 아들 손에 쥐어 주면, 틀림없이 아이는 자신의 영웅이자 동경의 대상인 아빠 곁에서 일하는 것을 매우 좋아할 것이다! 그렇게 하면 일을 마치는 데 시간이 좀 더 걸릴지 모르지만, 아들과의 유대를 강화하고 아이에게 일에 대한 올바른 견해를 심어 줄 수 있을 것이다.

아들과 함께 일하는 것에 더해 함께 놀아 줄 시간도 내야 한다. 놀이를 통해 아들은 단지 재미있는 시간을 갖는 것보다 훨씬 더 많은 것을 얻게 된다. 한 연구 결과에 의하면, 아빠가 어린 자녀와 함께 놀아 줄 때 자녀가 좀 더 담대해지고 새로운 일에 도전하려는 성향

아빠의 중요한 역할 II

(학습목표성향)도 갖게 된다.

아빠가 함께 놀아줄 때 아들이 얻는 훨씬 더 큰 유익이 있다. "남자아이가 아빠와 의사소통을 가장 잘 할 때는 함께 놀이를 할 때"라고 프랑스 사회학자인 미셸 피즈(Michel Fize)는 말한다. 놀이를 통해 아빠는 아들에게 말과 행동으로 애정을 표현하게 되고, 아들은 그런 아빠를 통해 애정을 표현하는 방법을 배우게 되는 것이다.

[그림 32] 아빠와 함께하는 시간의 효과

"아들이 어렸을 때 자주 놀아 주고, 그러면서 아이를 꼭 안아 주면, 아이도 사랑을 표현할 줄 알게 되는 경험을 하게 될 것이다." 어린 아들이 무언가를 배워 익히고 나서 신이 난 목소리로 "아빠, 이것 좀 보세요! 저 잘하죠?"라고 한 적이 있을 것이다. 어떤 사람들은 잘한 일에 대해 칭찬하거나 애정을 표현하는 것을 어려워 한다. 그런 사람들은 어쩌면 칭찬에는 인색하고 잘못을 지적하기를 더 좋아하는 부모 밑에서 자랐을지 모른다. 당신도 그러한 환경에서 자랐다면 아들에게 자신감을 심어 주기 위해 의식적으로 노력을 기울일 필요가 있다.

잠자리에 들기 전 시간을 잘 활용하면 아들과의 사랑의 유대를 돈독하게 할 수 있다. 예를 들어 아이에게 정기적으로 책을 읽어 주고, 아이가 그날 있었던 즐거웠던 일과 걱정거리들에 대해 이야기할 때 잘 들어 주는 일 등이 그것이다. 그렇게 하면 성장해 가는 아들과의 의사소통을 계속 유지하기가 더 쉬울 것이다.

유치원 숙제와 준비물에 대해서 아빠가 함께 관심을 갖고 참여하려는 노력이 필요하다. 아이의 입장에서 아빠가 이러한 준비에 진지하게 시간을 내는 것은 자녀의 태도에 큰 영향을 주기 때문이다. 그러나 오락과 여가의 필요성도 잊지 않도록 해야 한다. TV, 영화 및 놀이 활동, 게임이 자녀에게 인기가 있지만, 고도로 효율적인 이러한 스마트한 기기들은 오물로 가득찬 하수구에 비유할 만큼 폭력적이고 선정적이기까지 하다. 미국의 국립정신건강연구소의 한 연구에 의하면, "1970년대 이후 지금까지 축적된 증거로 볼 때 '텔레비

아빠의 중요한 역할 II

전'에 나오는 폭력과 공격 행위는 어린이들과 확실히 상호 연관되어 있음에 부인의 여지가 없는 것 같다."

그러므로 부모들은 자녀들의 오락(폭력적인 게임, 스마트폰 사용, PC 사용 등)을 엄격히 통제하지 않으면 안 된다. 아빠가 함께하는 놀이나 기타 여행 그리고 어른들과 함께하는 모임은 자녀들에게 건전한 오락을 마련해 주는 몇 가지 방법들이다. 제발 자녀들을 TV와 스마트폰에 매몰되지 않게 하기를 부탁하고 싶다!!

요즘 식당이나 패스트푸드점에서 밥을 먹을 때, 말을 안 들을 때, 외출했을 때 엄마와 아빠들은 아이들에게 아주 쉽게 스마트폰을 쥐어 준다. 스마트폰을 달라고 할 때 자동적으로 별 생각 없이 손에 쥐어 준다. 당연하게도 아이들은 스마트폰 중독에 빠지게 될 것이다.

[그림 33] 스마트폰에 빠진 아이들
https://blog.naver.com/djgreensum1/220912319669

아이의 뇌는 5~6세까지 뇌의 각 영역이 고루 발달하기 위해서 오감을 통해 많은 정보와 경험을 해야 한다. 특히 여러 대상과 상호작용을 하는 경험을 해야 되는데 스마트폰은 다양한 자극을 차단하는 역할을 하고 단순한 시각적 자극만을 제공하기 때문에 스마트폰을 자주 접하는 아이들은 빠르고 강한 자극에만 반응하고 느리고 약한 자극에는 반응하지 않게 되어 곰곰이, 천천히, 신중하게, 집중력을 요구하는 활동을 어렵게 만든다.

따라서 오감을 통해 세상을 탐색할 수 있는 기회를 만들어 주고 부모와 함께 할 수 있는 활동을 제시해서 폭 넓은 경험을 할 수 있는 기회를 만들어 주어야 한다. 또 한 가지 아이들은 부모가 스마트폰을 사용하는 모습을 보고 자신도 스마트폰을 만지고 싶다는 충동을 갖게 된다. 아이와 함께 있을 때는 스마트폰 사용을 자제하고 대화나 놀이를 해보려는 노력이 필요하다. 스마트폰을 사용해야 되는 경우라면 아이가 보지 않는 곳에서 사용하는 것을 권하고 싶다.

문제를 겪는 청소년들을 여러 해 동안 도와 온 스탠턴 새머노 박사도 『Before It's Too Late』라는 책에서 그와 비슷한 생각을 이렇게 피력한다. "어떤 부모들은 자녀가 자기가 살고 싶은 대로 살아야 한다고 생각한다. 순진하게도, 그들은 의무를 부과하거나 요구 조건을 제시하면 자녀들이 부당한 짐을 지고 어린 시절을 **빼앗기게** 된다고 생각한다. 그러나 한계를 정해 놓지 않으면 비참한 결과를 거두게 될 가능성이 있다. 그러한 부모들은 자녀가 훈육을 거의 받지 않으면 성장하여 어른이 된 후에도 자기 감정이나 분노를 조절하거나 통제하는 데도 어려움을 겪게 될 수 있다는 사실을 깨닫지 못한다."

　그렇다면 부모가 자녀를 매우 엄하게 길러야 한다는 말일까? 그렇지는 않다. 한계를 정하는 것은 부모 역할을 잘 수행하는 한 가지 부면에 불과하다. 극단으로 치달아 엄격한 규칙을 세우면 집안에 삭막한 분위기가 감돌게 될 수 있다.

　따라서 부모들은 때때로 자신이 어떻게 가정교육을 하고 훈계하는지 검토해 볼 필요가 있다. 특히 자녀들이 나이가 들면서 성숙해 가고 있다는 징후가 나타나기 시작할 때는 더욱 그러하다. 아마도 책임감 있게 행동할 수 있는 어린 자녀의 능력에 맞게 어떤 규칙이나 제한을 완화하거나 조절할 수 있을 것이다. 이러한 성장 배경과 환경에는 아빠의 역할이 매우 중요하다는 점을 다시 한 번 강조하고 싶다.

보여주어야 한다

공감능력을 배우게 하는 것은 아이하고만의 문제는 아니다. 보여주어야 한다. 아이들은 본 것을 따라하고 따라한 행동은 습관이 된다.

자녀에게 무엇을 보여주어야 할까?

"나의 남편은 도대체 말이 없어요." "나의 아내는 도대체 내가 하는 말에 귀기울이는 법이 없어요." 부부들에게서 흔히 이러한 불평을 듣게 된다. 이처럼 침묵의 울타리가 가족 사이를 갈라놓고 있다.

어떤 사람들은 남편과 아내가 전혀 어울리지 않는 한쌍인 경우가 많다고 주장할지 모른다. 다시 말해 절망적일 정도로 조화를 이루지 못하는 한쌍이므로 애초에 결혼하지 말았어야 한다는 것이다. 확실히, 서로를 알아가는 연애 기간을 아주 가볍게 여기고 의사소통과 공감을 위한 튼튼한 기초를 결혼 전에 세워 놓지 못하는 남녀가 많다. 의사소통이 단절되면 부부와 자녀들 모두에게 심각한 결과를 초래할 수 있다. 전문가들의 말에 의하면, "끊임없는 부모의 불화"는 자녀에게 가장 파괴적인 영향을 미치는 것들 중 하나라고 경고하고 있기 때문이다.

회복하는 방법을 보여주어야 한다

관계가 늘 좋을 수는 없지만 관계가 손상되었을 때 회복하는 방법도 배워야 한다. 싸움은 두 사람만 상처 받고 피해 보는 것이 아니다. 자녀 역시 회복하지 못할 상처를 받기 때문이다. 따라서 자신과 아이를 위해서 배우자가 흥분하여 화를 내면, 차분함을 유지하면서 재치를 나타내려고 해보지 않겠는가? 가능하다면 동의하면서 공감을 표하라. "유순한 대답은 분노를 쉬게" 한다. 신랄한 대꾸는 상황을 악화시킬 뿐이다.

결코 쉬운 일은 아니지만 이렇게 친절하게 물어보는 것이 더 낫다. "내가 감정을 상하게 했어요? 여보, 무엇이 잘못된 걸까요?" 이런 식으로 문제의 원인을 품위 있고 재치있게 이끌어내는 것은 문제 해결에 도움이 될 것이다. 한편, 배우자에게 그의 행동으로 인해 화났거나 감정이 상했다는 것을 솔직하면서도 친절하게 이야기하면 된다. 이와 같이 용기 내어 시도한다면 상상하고 생각했던 것보다 분명 놀라운 행복한 결과가 있을 것이다.

아빠가 남편의 역할을 수행하는 방식은 분명히 자녀에게 영향을 준다. 일부 아동 발달 전문가들은 이렇게 말한다.

"아빠가 자녀에게 해 줄 수 있는 가장 좋은 일 한 가지는 자녀의 엄마를 존중하는 것이다. ⋯ 서로를 존중하고 자녀가 그 점을 느낄 수 있게 하는 아빠와 엄마는 자녀에게 안정감 있는 환경을 조성해 준다."

− 『건전한 아동 발달과 아빠의 중요성
(The Importance of Fathers in the Healthy Development of Children)』

그리고 아이에게는 이러한 장면을 시각정보화 해서 상대를 어떻게 공감하며 의사소통해야 하는지를 자연스럽게 배워가게 될 것이다.

하루가 멀다 하고 심각성을 더해가는 학교 폭력 문제를 보면 가해 학생은 피해를 입은 친구가 어느 정도 힘들었는지, 그것이 얼마나 큰 상처가 되었는지를 모르는 경우가 꽤 많은 듯 보인다. 사건의 심각성이 드러나서야 비로소 "몰랐어요. 죄송해요, 그 정도로 힘든지⋯"라고 대답하는 경우가 많아 안타깝다.

보여주어야 한다

또, 뉴스에서 '어쩌면 인간이 저렇게까지…'라는 말이 절로 나오는 심각한 사건을 접하게 되는데 도대체 그와 같은 사건을 저지르는 사람들은 어떠한 사람들일까? 이런 사람들이 상대와 가족이 겪게 될 고통과 상처에 대해서 조금이라도 공감할 줄 알았다면 과연 그러한 일을 저질렀을까? 이런 사람은 남을 이해하는 능력은 있더라도 공감능력이 있는 사람은 아닐 것이다.

얼마 전 EBS방송에서 특별 기획으로 학교폭력에 대한 프로그램이 방송되었다. 전체 6부작으로 진행된 방송 중 기억에 남는 실험이 있었다. 상황은 5학년 교실 반 아이들에게 선생님이 들어와 임의로 짝을 지어준다고 하면서 좋아하는 사람과 짝이 될 수도 있고 싫어하는 사람과 짝이 될 수도 있다는 언급과 함께 짝이 될 아이들 이름을 크게 불러주기 시작한다. 짝을 바꾼다는 건 아이들에게 가장 큰 관심사였다. 모두가 잔뜩 긴장하고 있다.

이때 마음에 드는 친한 아이와 짝이 된 아이들은 환호성을 지르면서 좋아서 어쩔 줄 모른다. 반면 친하지 않은 아이와 짝이 된 아이는 얼굴이 일그러지면서 곧 울음을 터트리고 심지어 책상에 엎드려 통곡을 하는 아이들도 있다.

희비가 엇갈리고 어른들의 로또당첨 만큼이나 가슴 설레고 긴장된 순간인 것이다. 수학보다 영어보다 훨씬 두렵고 힘든 일이 낯선

PART 7. 아빠의 중요한 역할 II

친구와 새롭게 사귀는 것이다. 가장 난처한 사람은 선생님이다. 선생님은 울고 있는 아이들을 달래느라 진땀을 빼고 있다. 다음에 다시 바꿔주겠다고 조금만 참고 노력해 보라고, 달래보고 부탁도 해본다. 선생님의 이러한 노력에도 아이들의 반응은 좀처럼 수그러들지 않는다. 전혀 양보하지 않으려 한다.

오히려 참으로 어이없게도 선생님께 대들듯 저 아이하고는 앉지 않겠다고 악을 쓰며 선생님과 짝이 된 친구를 아주 곤란한 상황으로 몰아가고 있다. 이런 아이가 한 반에 한두 명이 아니다.

어느덧 교실은 아수라장으로 변해가고 있다. 여기저기 책상에 엎드려 울고 있는 아이들과 자신하고는 앉지 않겠다고 하는 아이를 어이없이 바라보는 다른 아이들로 교실의 분위기는 말로 표현하기 어려울 정도가 되었다. 이어서 수업이 시작되었지만 아이들의 귀에는 선생님의 가르침은 전혀 들어오지 않는다.

자신의 의견이 관철되지 않으면 수업을 듣지 않겠다고 항변이나 하는 것처럼 울고 있는 것이다.

우리나라 아이들의 지적 능력은 세계 2위!(출처: 한국청소년정책연구원 [한국청소년 핵심역량조사]) 하지만 사회적 상호작용능력은 35위!(출처: 한국청소년정책연구원 [한국청소년 핵심역량조사])로

보여주어야 한다

OECD국가 중 가장 낮다.

우리는 20여 년 전만 해도 부모가 아이들에게 '친구를 사귀어라'라는 말을 할 필요가 없었다. 왜냐하면 집에는 친구 같은 형제가 있었고 또한 그때는 밖에 나가서 노는 횟수가 많았기 때문이다. 하지만 이제 그 횟수가 줄어들어서 '조망수용능력'이 부족하게 되는 것이다. 즉 타인이 나의 이러한 말과 행동을 어떻게 생각할까? 저 아이의 기분이 어떨 것인가에 대한 생각과 고민이 없고 오히려 타인의 생각을 아는 게 두렵기까지 하게 되는 것이다. '실패를 하면 어떡하지?' '쟤가 나를 싫다고 하면 어떡해?' 이런 두려움 때문에 내가 먼저 그런 태도를 방어적으로 보이는 경향이 강해지고 있다는 것이다.

이러한 현실이 학교현장에서 점점 진정한 친구를 만드는 것과, 학창시절 평생을 함께 할 친구들과 만들어야 할 좋은 추억 그리고 관계를 형성하는데 실패하게끔 하는 것이다.

과거 우리의 모습은 어떠한 모습이었을까?

우리 역시 선생님께서 아이들과 번갈아 가면서 짝을 지어주었다. 짝이 된 친구가 마음에 들지 않아도 적어도 우리는 선생님께 존경과 존중심을 갖고 싫다고 하기 보다는 적응해 보려고 노력을 했다.

적어도 우리가 부모님과 어른들을 통해서 배운 것 가운데 하나는 살아가면서 내가 원하고 하고 싶은 대로만 하고 살 수 없으며 내가 아닌 때로는 다른 사람의 이익을 위해서도 양보할 수 있어야 한다는 것 정도는 상식적으로 알고 있었다. 그 점이 뭐 그렇게 말과 행동으로 옮기는데 어려운 일도 아니었다.

친하지 않은 친구와 짝이 되었어도 그 친구의 감정을 생각해서 직접대고 같이 앉기 싫다거나 선생님께 악을 쓰며 울며불며 온 몸으로 표현하고 그러지는 않았고 필자 또한 그런 반 친구를 본 기억이 한 번도 없다.

공감 능력과 적기 교육

그럼 입장을 바꿔 생각해 보자, 나하고 짝이 되고 싶지 않다고 우는 아이는 그렇다 치고 내가 싫다고 엎드려 울고 선생님께 같이 앉지 않겠다고 악을 쓰는 반 친구를 바라보는 내 감정은 어떨까~~

'아~~!! 나를 무척 싫어하는구나…!! 앞으론 눈에 띄지 않도록 조심해야지…' 아니면 이런 반응이 나오지 않을까, '뭐야 쟤 왜 저래. 내가 자기한테 잘못한 게 뭐가 있다고 저 난리야. 아주 웃기는 애 아냐. 너무나 자존심 상하고 속상해서 용서할 수가 없어. 가만두지 않을 거야'. 하며 씩씩대며 분노하고 복수하고 싶은 마음이 들지 않을까? 아마도 이런 정도의 감정이 드는 것은 어쩌면 그 입장에서는 정상적인 표현일 수 있다.

　이토록 서로의 감정이 깨진 상황이라면 더 이상 한 공간에서 공부는 잘 되지 않을 것이다. 공부가 내 아이만 잘 하면 될 것 같지만 다른 사람들과 주변의 영향을 심하게 받기 때문이다. 공부는 혼자 하는 것이 아니라 함께 하고 우리가 하는 것이다. 넓게는 학교가, 사회가, 국가가, 세계가 함께 책임을 가져야 한다고 해도 무리가 아니다.

　앞으로 4차 산업혁명의 시대를 살아가기 위해서는 경쟁력을 가져야 하는데 그 점이 바로 '공감능력'인 것이다. 미래 인간이 갖추어야 할 강력한 경쟁력은 '공감능력'이다. 나의 자녀의 공감능력은 어느 정도일까?

　이와 같은 여러 이유로 유치원 교육의 의미와 지향점을 아는 것은 중요하다. 이해력과 창의력, 사고력, 상호작용능력, 협력하는 능력, 질문하는 능력, 소통능력이 만들어지고 교육되어져야 할 중요한 시기, 다른 표현으로는 '적기교육'이라고 한다.

　적기교육에 있어 이와 같은 교육을 담당하는 유치원 교사의 중요성을 감안했을 때 앞서 언급한 바와 같이 고부가가치 교사라고 하는 것이다. 적기교육이란 그 때(시기)에 해야지 나중에 하면 잘 안 되는 교육(훈련)이다.

특히 유치원 엄마들에게는 초등교육에 대한 정보와 이해가 중요한데 초등교육의 방향은

- 교과별 특성에 적합하도록 과정 중심의 수행평가를 실시한다. (관찰, 면접, 토론, 보고서, 서술, 논술, 상호평가, 자기평가 등)
- 결과물평가. (프로젝트 보고서, 포트폴리오, 서술, 논술, 질문지 등)
- 인성요소를 반영한 과정 중심의 협력 평가. 인성요소를 반영한 협력적 평가는 학생들이 타인의 감정에 공감하고 적극적으로 소통하며, 갈등을 해결하는 과정을 통해 실천적 인간성을 갖게 되는데 의미를 두고 있다. 나아가 학교폭력예방, 바른 언어사용(욕, 폭력적인 언어)과 단순한 지식이나 획일적인 결과물 중심에서 벗어나 협력학습의 다양한 형태인 관찰평가, 자기평가, 상호평가, 포트폴리오평가 등 다양한 방법으로 이루어지는 활동에 잘 참여하고 교육 의도에 맞게 친구들의 의견을 존중하고 선생님에 대한 존경심을 갖고 학교생활에 잘 적응하는 아이가 되는 것에 초점을 두고 있다. 이것은 더 나아가 학교생활을 통

해 더 큰 미래를 향해 발돋움 할 수 있는 저력 있는 아이로 성
장하는 기초가 된다.

이 시기에 참으로 중요한 부모의 역할

이 시기 아이들은 지적호기심과 성취동기에 의해 활동이 유발되기 때문에 성취기회와 성취과업에 대해 적절한 인정과 격려가 아이의 성취감을 길러준다. 반면 이 시기에 주어진 과업을 제대로 수행을 못하거나 학습이나 놀이에서 실수나 실패를 계속 반복하거나 좌절감을 경험하면 열등감이 자리 잡게 되고 그것이 반복되면 마틴 셀리그만(Martin E. P. Seligman, 1967) 이론과 같이 학습된 무력감이 만들어진다.

이와 같은 무력감이 만들어지면 학습의 의욕도 없고 실패나 좌절을 경험할 때, 또는 새로운 학습 환경이 주어졌을 때 도전하지 않으려 한다. 내 아이의 상황이 이렇다면… 아마도 상상하기도 싫을 것이다.

이 점을 좀 더 이해하기 위해서 잠시 마틴 셀리그만의 이론을 살펴볼 필요가 있다.

그는 학습된 무력감(무기력)(learned helplessness theory)을 실험했

다. 원래 학습은 인간이 살아가면서 사람답게 살기 위해 잘 배우는 법을 가르쳐주는 과정이나 절차를 말한다. 그런데 정반대로 생각한 심리학자가 바로 그였다.

셀리그만은 전기충격이 가해지는 방에 개를 집어넣고 옆 칸으로 뛰어 넘어가면 전기충격을 피할 수 있도록 한 실험을 실행하였다. 실험이 진행되는 동안 개들은 처음에는 어떻게든 전기충격을 피하려 필사적으로 노력했다. 하지만 전기충격이 진행될 때마다 피해보려고 하지만 칸막이는 자신의 능력으로는 뛰어넘지 못할 정도의 높이라서 매번 실패를 경험한다. 개들은 점점 자신의 행동이 아무 소용없다는 사실을 아주 느리고 고통스럽게 학습했다.

오랜 학습이 끝난 뒤, 개들은 이제 전기충격을 받더라도 그저 바닥에 누워 낑낑거릴 뿐이었다. 상당한 시간이 흐른 뒤에 개들은 충분히 뛰어 넘을 수 있는 높이로 칸막이를 낮게 한 후에도, 계속 전기충격을 받기만 하고 피하려 하지 않는다. 마침내 셀리그만은 개들에게 무력감(무기력)을 학습시키는데 성공했다.

셀리그만은 원래 우울증을 연구하던 심리학자였다. 그가 무기력에 관심을 가진 이유도 우울증 환자들이 공통적으로 무기력했기 때문이다. 그는 사람들을 무기력하게 만드는 환경이 무엇인지 알고 싶어 했고, 그걸 안다면 우울증을 유발하는 환경도 추측할 수 있을 거라는 생각에 도달한 것이다. 실험을 통해서 그가 알아낸 무기력의 핵심 조건은 "내 의지와 노력이 아무 소용없다는 의식"이었다.

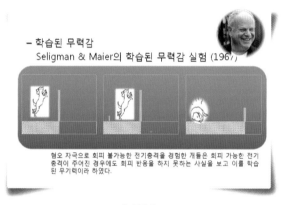

[그림 34]
학습된 무력감 실험

어릴 적부터 얇은 쇠사슬에 발이 묶여 자란 코끼리는 다 자란 후에도, 이제는 그 쇠사슬 정도는 쉽게 뽑아버릴 수 있음에도 여전히 쇠사슬에 묶여 지낸다. 학습된 무기력의 힘이다.

The elephant
is held back
not by the
puny rope
but by its
belief system.
Are you too?

[그림 36] 학습된 무기력의 힘
http://blogfiles13.naver.net/20131209_88/lovelsy17

아무리 노력을 해도 아무런 긍정적인 변화가 없는 경험들. 어쩌면 우리에겐 익숙한 경험들이다. 하지만 어떤 사람들은 수많은 실패와 좌절 속에서도 포기하지 않고 다시 도전하고 다시 일어서려고 노력한다. 반대로 자신은 더 이상 노력을 해도 소용없기에 또 실패할 것이기 때문에 더 이상의 도전과 노력은 의미가 없다고 단정하고 포기하는 사람들이 있다.

아마도 이와 같은 두 가지 부류의 사람들이 주변에 있다면 떠올려질 것이다. 바로 이러한 성향을 결정짓는 매우 중요한 시기에 부모의 역할은 몹시 중요하다. 따라서 이 시기에 부모들이 아이의 신체적 발달 특징에 맞게, 정서적 발달 특징에 맞게, 사회성 발달 특징에 맞게, 언어와 인지적 발달 특징에 맞게 적절하게 역할을 다하면 기대 이상의 축복이 뒤따를 것이다.

그럼 발달시기에는 어떤 특징이 있을까? 간단하게 내용을 정리하면 다음과 같다.

신체적 발달 특징 : 뇌의 성장이 현저히 빨라진다. 따라서 피로감이 빠르고 저항력이 약해서 전염병에 감염되기 쉬우며 이 시기는 성장에 비해 체중이 적다. 반면 근력은 강화되어 움직임이나 활동의 크기가 세지고 커진다. 이로 인해 자세가 바르지 않거나 주의가 산만해 보일 수 있다.

정서적 발달 특징 : 관심이 자주 변함으로 정서적으로 집중의 지속시간이 매우 짧다. 새로운 환경과 변화에 불안감을 심하게 느끼며 엄마에게 의존(의지)하려는 경향이 매우 강하다. 경쟁심도 강하고 잘 싸우게 되는 시기이기도 하다. 죽음에 대한 공포심과 도덕적인 판단에 있어서 부모의 역할이 너무도 중요한 시기이다.

사회성 발달 특징 : 자신의 감정 위주로 생각하고 행동하며 타인을 배려하는 자세가 부족하다. 자율적인 도덕성이 매우 약하고 타율

이 시기에 참으로 중요한 부모의 역할

적인 도덕성이 영향을 많이 미치는 시기라서 다른 사람의 말이나 행동에 크게 좌우된다. 특히 부모의 영향이 절대적이므로 이 시기에 부모는 말과 행동을 일치하게 하고 도덕과 관련해서 정확한 경계를 확립해야 한다.

또한 이 시기는 타인의 관심에 자신의 존재감을 확인하는 시기라서 친구나 선생님, 부모의 관심을 끌기 위해서 심하게 장난을 치기도 하는 특징이 있다.

심지어는 언어적인 면에서 욕을 하거나 가벼운 거짓말이 시작되는 시기이기도 하다. 놀이에 있어서도 혼자만의 놀이에서 벗어나서 점차 협동도 알게 되고 조직적인 놀이를 좋아하게 되는 시기이다.

언어, 인지적 발달 특징 : 질문이 왕성해지고 자기중심적이며 호기심과 흥미가 많아지는 시기로 시야가 좁고 시간관념이 확실하게 정립되어 있지 않아서 현재를 중심으로 사고하고 생활한다. 상상력과 모방능력, 창의적인 표현이 많아져서 자기 나름대로 색다른 표현 방법을 사용하기도 한다. 논리적이거나 사고가 정확하게 전달되지는 않지만 문자와 숫자 그 의미에 대하여 관심이 많아지고 몇 개의 낱말을 연결해서 좀 더 복잡한 숙어와 단어를 이해할 수 있는 능력이 만들어지는 시기이다.

부모는 무엇을 준비해야 할까?

아이 입장에서 보면 새로운 곳(유치원)에 대한 기대보다는 두려움이 앞설 것이다. 가족만의 공간에서 '내'가 아니라 낯선 공간에서 '우리'가 함께 활동하는 새로운 경험을 하게 되기 때문이다. 모든 것이 새롭고 혼란스럽다.

유치원에서 새로운 경험을 시작할 아이에게 가장 필요한 부모의 역할은 바로 격려이다. 그동안 자신의 뜻대로 맞춰주던 환경에서 양보라는 것도 배워야 하고 기다릴 줄도 알아야 하고 부모가 아닌 다른 어른들에 대한 예절도 배워야 하고 심지어는 불쾌한 감정이 들고 화가 나도 자신의 분노를 통제하고 감정을 조절하는 방법도 점점 배워야 한다. 아마도 수도 없이 집에 가고 싶을 것이다.

모든 것이 뜻대로 되지 않을 때 부모가 아이의 속상한 감정을 공감해주는 과정에서 아이는 위로를 받고 용기를 갖게 된다. 또한 덤으로 나와 같은 처지에 있는 친구를 위로하는 방법도 알고 행동으로 보이기도 한다. 이럴때 부모는 내 아이가 아주 기특하게 보이고 내 아이가 성장해가는 모습을 지켜보는 행복감도 있다.

이러한 결과로 아이가 작은 변화(노력)라도 보이면 그 작은 시도를 인정하고 칭찬을 해주게 되면 자신에 대한 효능감과 자신감을 갖게 되고 자신의 가치를 높이는 자존감을 가진 아이로 성장하게 될 것이고, 새로운 도전과 흥미를 갖거나 또는 실패나 좌절이 있을 때 두려워하지 않고 최선을 다 하는 기특한 아이가 될 것이다.

이것을 바로 작은 성공의 경험이라고 한다. 작은 성공의 경험을 여러 번 해야 큰 성공도 할 수 있는 준비된 아이가 되는 것이다.

한 가지 생각할 점은 칭찬과 격려의 차이점이다.

칭찬은 좋은 결과에만 할 수 있는 피드백의 방법이라면 격려는 결과에 관계없이 주어진 상황에 열심히 노력하는 과정 중에도 할 수 있다는 장점이 있다.

아이가 노력하는 과정에서 보여준 행동을 구체적으로 언급하면서 격려한다면 포기하려 했다가도 다시 한 번 도전하려고 하고 앞으로도 무수히 자신이 이루려는 목표를 성취하는 과정에서 일어나는 실패와 좌절을 이겨내는데 큰 영향을 줄 수 있게 될 것이다.

그리고 아이의 마음에 부모가 자신의 상황을 늘 공감해주는 지지

자임을 확인하게 됨으로써 심리적인 안정감과 부모에 대한 무한한 신뢰와 믿음이 자리잡게 될 것이다. 부모와의 관계성이 좋은 방향으로 진행되는 것이다.

부모는 무엇을 준비해야 할까?

아이에게 해 줄 수 있는
격려의 말과 칭찬의 말들을 준비해 볼까요?

아래 칸에 세 가지 칭찬만 더 적어봅시다.

- ✅ 이걸 포기하지 않고 해내다니 정말 뿌듯하겠다.
- ✅ 밝게 인사하는 모습이 보기 좋아.
- ✅ 장난감을 예쁘게 정리했구나, 방이 반짝 반짝 빛나네!!
- ✅ 힘들어도 포기하지 않고 열심히 하는 모습이 보기 좋아.
- ✅ 우와~!! 그림이 참 인상적이야. 재미있는 그림이네.
- ✅ 우와~!! 정말 대단한데 어떻게 이런 생각을 했어.
- ✅ 울지 않고 소리 지르지 않고 착하게 말해줘서 고마워.

1. _____

2. _____

3. _____

부모는 무엇을 준비해야 할까?

"인간이 태어나서 배우는 것을 시작하는 순간 나를 위하고 가족을 위해서 배운다는 생각으로 더 큰 가치를 부여해야 한다. 또한 배운다는 건 사회의 구성원으로서 이로운 사람이 되어야 한다는 무한한 책임이라는 것도 심어주어야 한다."

유치원에 가는 아이
이것만은 꼭!! 알아야 한다

사회에 이로운 사람이 되기 위한 준비와 그 시작

대화란 무엇인가, 말하는 것인가?

아이와의 대화에서 치명적인 것은 잔소리이다

사회에 이로운 사람이 되기 위한 준비와 그 시작

아이는 유치원에 가면서 비로소 가정 넘어 넓은 세상을 체험하고 알아갈 준비를 한다. 다양한 경험과 쏟아지듯 넘쳐나는 정보들, 새롭게 정립되는 가치관들, 좋은 부모가 되기 위한 각오를 하게 되면서 처음 겪는 혼란스러움과 아이를 잘 키울 수 있을까 하는 두려움까지 밀려온다. 아이도 부모도 두렵고 떨리고 자신 없긴 똑같을 것이다.

호랑이에게 물려가도 정신만 잘 차리면 지혜로운 방법을 찾을 수 있다. 유치원 교육이 아이의 미래 대학진학과 소득에 큰 영향이 있다는 체티 교수의 연구 결과를 무시하고라도 아이가 잘 자라고 사회에서 이로운 구성원으로서 많은 사람에게 사랑받고 존중받을 수 있다면 우리는 당연히 그 방법을 선택하고 지지할 것이다.

인간이 태어나서 배우는 것을 시작하는 순간 나를 위하고 가족을 위해서 배운다는 생각으로 더 큰 가치를 부여해야 한다. 또한 배운다는 건 사회의 구성원으로서 이로운 사람이 되어야 한다는 무한한 책임이라는 것도 심어주어야 한다.

그 이유는 혼자만 잘나서 살아갈 수 있는 세상이 아니기 때문이다. 배우고 공부할 때는 치열할 정도로 열심히 해야 하지만 그 가운데 상대를 존중하고 인정하며 친절함도 함께 배워야 한다는 것이다.

내 아이가 그런 사람으로 성장하도록 돕기 위하여 그 시작을 이것부터 해보자!! 평소와는 달리 약간 독하게 마음을 먹고 시도해야 한다.

1. 때와 장소에 따라 해도 되는 것과 해서는 안 되는 경계를 분명히 알고 행동하는 사랑받는 멋진 아이로

놀이터나 운동장에서는 마음껏 소리 지르고 뛰어놀아도 되지만 모두가 이용하는 식당이나 마트, 쇼핑몰, 사람이 공동으로 사용하는 공간에서는 예의 있게 행동하는 것이 중요하다는 것을 잘 가르쳐야 한다.

특히 유치원 교실이나 복도에서는 조용히 해야 하고 뛰어다니거나 소리를 크게 내어서는 안 되며, 함께 사용할 때는 줄을 서서 기다리고 질서와 규칙을 지키는 준법정신을 갖도록 힘써 주어야 한다. 이러한 준법정신은 아이의 인지 발달과 아이큐, 성적에도 그리고 관

사회에 이로운 사람이 되기 위한 준비와 그 시작

계성에도 영향을 주기 때문이다.

그리고 매우 중요한 한 가지는 선생님이 이야기를 할 때는 선생님을 바라보고 귀 기울여 잘 들어야 함을 매번 강조해야 한다.

[그림 36] 떼쓰는 아이
http://blueraykim.blog.me/220349632199

[요약]

- 가정과 유치원의 차이 지도하기

- 공부 시간과 쉬는 시간을 분별하여 행동하기

- 급식을 할 때 선생님을 귀찮게 하지 않고 장난치지 않고 골고루 남기지 않고 잘 먹기

- 선생님과 한 약속 잘 지키기

- 공중도덕을 잘 지키는 사람이 되기

- 질서 지키며 줄서기, 우측통행하기

- 실내에서는 뛰지 않기, 작은 소리로 말하기

- 함께 사용하는 물건 소중하게 사용하기

- 친구의 물건을 아껴주고 소중하게 다루기

[그림 37] 올바른 교육과 지도

사회에 이로운 사람이 되기 위한 준비와 그 시작

2. 좋은 습관이 몸에 배도록 도와주기

'세 살 버릇 여든까지 간다'는 옛 속담이 있는 것처럼 한 번 잘못 만들어진 습관은 고치기가 참으로 어렵다.

아래 그림과 같이 처음에는 작은 습관이 별것 아닌 것 같지만 시간이 지나면서 습관에 끌려다니게 된다.

내 자녀가 어떤 사람으로 성장하기를 바라는가? 습관에 끌려다니는 사람이기를 바라는가? 아니면 습관을 지배하는 사람이기를 바라는가? 부모의 역할 중 아이에게 좋은 습관을 갖도록 해주는 것은 아이에게 큰 선물을 주는 것과 같다.

[그림 38] 습관의 중요성

예를 들면, 자녀가 능력에 맞는 집안일을 아빠나 엄마를 도와서 하면서 자신의 몫을 해내는 경험을 하게 한다면 아이는 자신이 엄마, 아빠에게 얼마나 가치 있고 사랑 받는 존재인지를 느끼는 행복한 아이가 될 것이다.

자기 물건을 스스로 정리하는 습관, 손을 닦는 습관, 식사 후 이를 닦고 옷을 단정하게 입는 습관, 가방을 스스로 챙기는 습관, 잠자리에 드는 시간과 아침에 일어나는 습관에 이르기까지 좋은 습관을 갖도록 도와주자.

사회에 이로운 사람이 되기 위한 준비와 그 시작

[요약]

- 자기물건 관리하기

- 읽은 책 정리하기

- 옷을 옷걸이에 걸거나 수납하는 방법 익히기

- 자신의 물건(학용품, 가방, 신발 등)에 대한 소중함을 갖도록 하기

- 정리정돈 하기

- 아이의 공간을 마련해주고 관리하게 하기

- 사용하고 버리게 되는 쓰레기 분류하기

- 식사습관의 중요성 강조하기

- 아침식사 꼭 하기

- 음식을 남기지 않고 먹기

- 식사 후 엄마를 도와 뒷정리하기

- 취침과 기상시간 지도하기

- 등교시간 스스로 챙기기

- 수업 시간과 쉬는 시간 구별하여 행동하기

3. 선생님, 친구들과 좋은 관계를 갖도록 도와주기

아이는 유치원에 입학하기 전 가정 안에서의 개인 위주의 생활에서 공동생활로 변화한다는 것과 새로운 친구와 사귀고 선생님을 만나는 것에 대한 두려움과 더불어 약간의 호기심도 갖게 된다. 이 때 새로운 변화에 대한 두려움 보다는 새로운 변화에 대한 기대와 자신감을 갖도록 도와주어야 한다.

또한 유치원 교육에서 엄마가 신경써주어야 할 중요한 것으로는 어려움에 부딪칠 때 엄마가 나서서 해결해 주려는 모습보다는 아이가 스스로 해결할 수 있는 힘을 길러주고 스스로 해결할 수 있다는 용기와 자신감을 갖도록 기다리고 격려해 주어야 한다.

여러 아이들과 어울리면서 배우지 않았으면 하는 욕이나 상스럽고 폭력적이고 거친 표현들을 말하기 시작할 것이다. 이때 고운 말을 쓸 수 있도록 부부가 함께 도와야 한다. 특히 아빠가 적극적으로 노력하는 것이 훨씬 효과적이다.

그리고 선생님이나 어른들에게 존댓말을 쓰도록 하고 가능하면 부모에게도 존댓말을 사용하게 하는 게 좋다. 습관적으로 감사하다는 표현과 실수를 했다면 미안한다, 죄송하다와 같은 표현을 하도록 힘써 주어야 한다.

사회에 이로운 사람이 되기 위한 준비와 그 시작

[요약]

- 존댓말을 사용하도록 도와주기
- 어른들과 부모님께 인사하고 공손하게 말하는 습관 만들기
- 자신의 의견을 말할 때 바르고 고운 말로 표현하기
- 부모님이나 다른 사람이 말하고 있을 때 말을 끝까지 듣는 훈련하기
- 수업 중 화장실에 가고 싶어도 쉬는 시간이 될 때까지 기다리기
- 선생님 질문에 대답을 잘하는(발표력) 아이가 되도록 하기
- 선생님이 수업이나 말씀 하실 때 눈을 마주보며 반응하기

아이가 유치원에 가기 싫어하거나 잘 적응하지 못하는 이유는 자기 의사 표시에 자신이 없고 다른 아이와 비교가 심한 아이들이다. 이런 아이들은 유치원 가는 게 싫어지고 잘 적응하지 못하게 된다. 이런 경우 아이 앞에서 걱정만 하거나 근심하기 보다는 그리고 아이를 꾸짖기에 앞서 유치원에서 있었던 일들을 말하게 하고 잘 들어주어야 한다.

아이의 대화를 잘 듣다가 칭찬할 것이 있다면 그 기회를 놓치지

말고 칭찬해 주면서 자연스럽게 의사표현이 길러질 수 있도록 도와

주어야 한다.

　유치원을 오가면서 보고 느낀 점, 친구들과 있었던 일 등 자녀가

하는 이야기에 무척 관심이 있다는 것처럼 "와~!! 그랬어?", "정말

~??", "우아 대단한데~~", "진짜 멋지다!"와 같은 피드백을 해주

어야 한다.

　아이와 대화하는 시간을 많이 갖도록 의도적인 노력을 해주어야

한다. 이와 같은 노력은 지금 당장에도 도움이 되지만 나중에 아이

에게 사춘기가 왔을 때 자녀와의 대화는 부모와의 부드러운 관계를

유지시켜 주고 사춘기를 건강하고 슬기롭게 지나가게 해주는 바탕

이 될 것이기 때문이다.

사회에 이로운 사람이 되기 위한 준비와 그 시작

대화란 무엇인가, 말하는 것인가?

대화는 서로의 생각과 감정을 고려하고 상호작용하는 과정으로 둘 이상의 실체 사이의 언어 소통을 의미한다. 그러나 언어로 소통하는 것만 대화가 아니다. 귀로 들리는 소리는 없지만 시각을 통해서 전해오는 표정, 눈빛, 입의 모양, 고개를 끄덕거리는 움직임과 같은 정보들 역시 대화라고 한다. 이렇듯 말로만 하는 대화는 시각을 통해서 전해오는 정보를 파악하고 읽지 못한다면 진정한 소통이라고 할 수 없다.

아이들이 선생님 혹은 친구들과 갈등 없이 친밀하게 인간관계를 맺기 위해서는 상대의 감정을 조율하는 능력이 있어야 한다. 그것이 바로 귀로 전달되는 정보뿐 아니라 시각을 통해서 전달되는 정보도 읽고 파악하는 훈련이 필요한 이유다.

이러한 훈련은 아이들이 부모와의 대화 속에서 배운 의사소통을 밖에서 그대로 반영한다는 것이다. 마치 복제하듯이 말이다. 부모가 자녀와의 관계에서 함께 하는 대화나 표정, 또는 다른 사람과의 대화나 태도를 어떤 방식으로 하는지 아이들은 관심 없이 옆에 있는 것 같아도 마치 잘 마른 스펀지와 같이 흡수하게 된다.

부부와의 대화에서 상대의 말을 무시하거나 상대의 감정은 전혀 고려하지 않고 일방적으로 지시거나 마음대로 하면서 우기는 행동과 거친 표현들을 모두 아이가 복제하게 될 것이다.

유치원 시기는 아이들이 대화방법을 배우는 초기 단계이다. 그리고 아이들은 부모와의 대화에서 배운 의사소통 방법들을 유치원이나 다른 환경에서 적용한다. 그러므로 부모는 쉬운 일은 아니지만 자신의 대화 방법을 돌아보고 자녀에게 좋은 본을 보여주기 위해 노력해야 한다.

대화란 무엇인가, 말하는 것인가?

아이와의 대화에서 치명적인 것은 잔소리이다

잔소리를 하게 되는 이유는 다양하지만 대체적으로 이렇다.

1. 내가 듣고 배우며 자랐기 때문에 몸에 배어서

2. 내가 받은 마음의 상처와 속상한 만큼 돌려주고 싶어서

3. 내가 이 집에서 가장 힘이 있다는 것을 보여주기 위해서

4. 내가 하는 말이 맞다는 것을 확인 시켜주고 싶어서

   예) "내가 그럴 줄 알았어~~"

[그림 39] 엄마의 잔소리

[잔소리를 적게 하는 방법]

A. 현재 일만 이야기 한다.

B. 짧게 이야기 한다.

C. 반복해서 말하지 않는다.

D. 잘못된 행동이 일어난 즉시 이야기 한다.

E. 다른 아이와 비교하지 않는다.

F. 한 가지만 이야기 한다.

G. 잘못된 행동에 대해서만 이야기 하고 아이의 인격에 대해서는 이야기 하지 않는다.

예) '돌대가리, 바보 같으니라고!', '넌 그것밖에 안 되는 애야!', '한심하다!', '그러면 그렇지!', '거봐라~!', '네가 할 수 있는 게 뭐가 있어!' 등의 경고나 위협을 하는 대화는 매우 위험하다.

토마스 고든의 '부모자녀 의사소통의 12가지 걸림돌' 가운데 피해야 할 대표적인 자녀와의 대화 몇 가지를 인용하면 다음과 같다.

1. 비판

"너는 신중하지 않아", "너는 게을러서~"

– 이와 같은 대화의 시작은 아이 자신이 무능력한 존재이고 어리석고 형평없이 판단한다는 것을 암시함으로써 자녀는 그 대화 중 나온 말을 사실로 받아들이고 '나는 바보이고, 나는 멍청이

아이와의 대화에서 치명적인 것은 잔소리이다

다.'라고 생각하게 한다.

2. 비웃기, 욕설, 조롱

"이 울보야", "바보같이"

– 아이는 자신이 가치 없고 사랑받지 못하는 존재라는 확신을 갖
게 되고 아이의 자존감에 파괴적인 영향을 끼칠 수 있다.

3. 캐묻기와 심문하기

"왜, 누가, 무엇을, 어떻게, 어디에서, 언제"

– 아이는 질문에 대답을 하는 동안 실제 문제가 무엇이고 무엇을
잘못했는지 본질은 잊어버리고, 질문에 답을 했을 경우 엄마로
부터 비난이나 잔소리, 해결책 등이 제시되므로 대답하지 않거
나 대충 말하거나 거짓말을 하게 되는 부작용이 생긴다.

4. 분석, 진단

"무엇이 잘못되었느냐 하면...."

– 아이의 실수나 문제를 따지듯이 해서 아이를 궁지에 몰아넣고
궁지에 몰린 아이는 자기 방어적이 되어 문제를 축소하려 하고
자신의 잘못이 더 이상 노출되는 것이 두려워 대화하려 하지 않

는다.

5. 경고, 위협

"만약~하지 않으면, 그 때는", "~하는 게 좋을 걸, 그렇지 않으면"

- 대화의 대부분이 경고와 위협으로 진행된다면 아이에게 공포심
  을 유발하게 되고 위협을 받은 경험은 친구를 대하는 방식에도
  영향을 준다. 심지어는 부모에 대한 원망이 점점 커지고 분노와
  반항을 유도하는 요인이 될 수 있다.

6. 명령, 지시

"너는 반드시", "너는 꼭", "~를 해야 할 것이다"

- 유치원 아이들의 특성상 자신이 관심과 사랑받고 있는지를 끊
  임없이 확인하고 싶어 하는 성향이 강하게 나타나는 시기이다.
  이시기에 명령과 강요는 공포감이나 저항을 유발시킬 수 있으
  며, 결과적으로 하지 말라고 하는 것을 더 하면서 관심을 끌기
  위해 계속해서 문제를 만들 가능성이 높아진다.
  〈출처: 토마스 고든의 '부모-자녀 간 의사소통 걸림돌 12가지' 중에서 인용〉

자녀를 키우는 부모의 입장에서 자녀가 부모에게 듣고 싶어 하는

아이와의 대화에서 치명적인 것은 잔소리이다

말과 자녀가 부모에게 듣기 싫어하는 말, 나는 어느 쪽을 많이 하는지 점검해 보길 바란다.

평소에 자녀들에게 어떤 말을 많이 하는지 한 번 생각해보자. 아이가 부모님에게 듣고 싶어 하는 말은 자신을 믿어주는 격려의 말, 칭찬의 말, 사랑의 말을 원한다. 듣기 싫어하는 말은 무시하거나, 비교의 말, 성적에 관련된 평가하는 잔소리들이다. 그러니 잘 참고해서 행복한 가정을 만들기 위해 용기와 힘을 주는 부모가 되도록 노력해야겠다.

★ 자녀가 부모님에게 듣고 싶어하는 말 ★

[격려]

- ✅ 최고가 아니어도 괜찮아, 최선을 다하자!

- ✅ 넌 할 수 있어! 자신을 믿어봐 기대가 된다!

- ✅ 괜찮아, 다음에 잘하면 되지!

- ✅ 공부하느라 힘들지? 조금만 힘내!

- ✅ 다음번엔 분명 더 잘할 수 있을 거야!

- ✅ 괜찮다. 누구나 실수해. 지금은 배우는 과정이니까 실수할 수도 있지. 아빠도 그랬어~ 힘내!

[칭찬]

- ✅ 엄마는 우리 딸(아들)이, 말도 참 예쁘게 해서 좋아!

- ✅ 정말 잘했어! 너무 기특하다!

- ✅ 우와~!! 되게 잘한다. 역시 내 아들이야!

- ✅ 장하다. 나는 네가 자랑스러워!

아이와의 대화에서 치명적인 것은 잔소리이다

[사랑]

✅ 우리 아들, 딸 세상에서 제일 사랑한단다.

✅ 아빠가 많이 사랑하는 거 알지!!

✅ 아빠가 안아줄게 이리오렴!

✅ 엄마는 우리 딸 믿어! 늘 잘 해왔고, 잘 해낼 거야!

✅ 사랑한다. 아들아. 그래 우리 아들은 잘 할 거야!

✅ 사랑한다. 엄마는 너를 믿는다!

✅ 많이 생각 했구나, 잘 생각 했어. 네가 원하는 대로 하렴.

✅ 아빠는 네 결정을 언제나 믿는다.

★ 자녀가 부모님에게 듣기 싫어하는 말 ★

[무시]

- ✅ 쯧쯧, 한심하다.

- ✅ 넌 머리는 좋은데 노력을 안 해!

- ✅ 이것밖에 못했어?

- ✅ 애들이 뭐 고민이 있니, 쓸데없는 고민하지 마?

- ✅ 내가 너 그럴 줄 알았어! 너는 왜 이 모양이니?

- ✅ 네가 그렇지, 잘하는 게 뭐야?

- ✅ 무언가를 해보기도 전에 고개를 저어버리는(쯔쯔쯔) 모습과
  표정

[성적]

- ✅ 성적이 이게 뭐니?

- ✅ 또 뭐하는 거야? 공부 좀 해라!

- ✅ 공부 좀 해라. 커서 뭐가 될래?

- ✅ 너, 이번에도 못하면 알아서 해라.

- ✅ 너 이번에 몇 등 할 수 있어?

아이와의 대화에서 치명적인 것은 잔소리이다

[비교]

- ✅ 네 친구 OO는 이것도 잘하더라!

- ✅ 야, 동생도 안하는 짓을 하면 어떡해?

- ✅ 저거 누구 닮아서 저래?

- ✅ 그렇게 할 거면 그만 둬라!

- ✅ 동생보고 좀 배워라!

- ✅ 다른 애들은 잘만 하더라.

아이와의 대화에서 치명적인 것은 잔소리이다

"자녀를 믿어주고 신뢰한다면 그 결과로 아이들은
자존감 높은 아이로 성장하게 될 것이다. 또한 높은 자존감은
아이를 긍정적인 사고로 무장하게 할 것이며 어려움이나
실패, 좌절이 닥쳐도 굴하지 않고 헤쳐 나갈 의지를
갖게 할 것이다."

아이의 자아존중감

아이의 자아존중감

내 아이의 자아존중감은 어느 정도일까?

엄마의 자존감을 높이기 위해서 어떤 시도를 해야 할까?

부모와 아이의 자존감을 높여보기

아이의 자아존중감

유치원 시기에 매우 중요한 아이의 자아존중감. 앞에서 언급한 걸림돌이 되는 대화는 자녀의 자존감에 좋지 않은 영향을 주게 될 것이다. 왜 유치원 시기의 자녀의 자아존중감이 중요한가? 유치원 시기를 어떻게 보냈는가는 자신에 대해 평가하고 판단하고 행동으로 표현하는데 영향을 미친다. 유치원 시기부터 자아존중감이 탄탄하게 형성된 아이들은 초등학교에 입학했을 때 선생님과 급우들 그리고 학업에서도 좋은 영향을 받게 되기 때문이다.

유치원 입학을 전후하여 아이는 이제 스스로 자기 자신을 평가하고 주변의 평가에도 민감해진다. 추상적 사고 능력의 발달로 자신과 남의 능력을 비교하고 순위를 매기기 시작하며 부모나 교사의 능력도 평가하는 기준이 만들어진다. 따라서 자신의 위치와 서열을 파악하고 유치원, 가정, 학원, 기타의 상황에 어떻게 행동해야 하는지 기준을 정해서 말하고 행동하는 모습을 보게 된다.

이 시기 아이의 자아존중감에 영향을 크게 미치는 것은 부모, 교사, 친구들로부터 받은 피드백과 자신이 진행한 활동의 결과들이다. 주변 환경의 영향이 중요한데 기대와 긍정적인 피드백, 자신이 활동한 결과물에 대해 자신의 능력을 인정받는 과정에서 높은 자존감을 갖게 된다.

하지만 지나치게 높은 기대와 경쟁 속에서 성장하면서 부정적인 피드백을 많이 받은 아이들은 수행을 하면서 즐거움과 성취감을 느끼기 보다는 과도하게 긴장하고 불안해하며 조금이라도 부정적인 결과가 예상되면 미리 포기하거나 위축되어서 도전하지 않거나 흥미를 잃게 된다.

자존감이 높은 아이는 대인관계 능력이 좋다. 다시 말하면 자존감이 높은 아이는 자신에 대한 심리적 안정감과 긍정적인 자아를 형성하게 된다. 이러한 긍정적인 자아는 대인관계에서 눈치를 보거나, 소극적인 태도를 보이거나, 심하게 수줍어하지 않으며 쉽게 주눅 들지 않고, 자신의 감정에 솔직하고 자연스럽고 편안하게 자신을 잘 표현한다.

또 한 가지 특징은 다른 사람들이 자신을 예뻐하지 않는다는 눈치를 알아차리더라도 또는 부정적인 피드백을 하더라도 상처를 덜 받고 심리적인 상처를 극복하거나 회복탄력성이 매우 좋다.(불쾌한 기분을 오래 지속하지 않는다.)

다음으로는 공감능력이 뛰어나다. 4차 산업혁명 시대의 핵심 경쟁력이 바로 공감능력이라는 점에서 특히 중요한 특성이 아닐 수 없다.

아이는 자신의 감정과 욕구를 편안하게 수용하는 능력과 타인의 감정과 욕구를 존중하며 상대 역시 존중할 가치가 있는 대상이라 믿기 때문에 타인의 감정을 소중히 여기는 특성을 보인다. 이런 좋은 특성을 보이는 내 아이가 사랑스럽지 않은가!!

또한 이런 아이들은 집중력이 매우 높다. 자존감이 높은 아이는 자기조절능력이 높기 때문에 높은 집중력을 발휘한다. 도전하려고 하고 흥미를 쉽게 잃지 않으며 다소 어려운 과제를 접할 때도 포기하지 않고 도전하려고 한다. 유치원을 지나 초등과정과 이후 중등과정을 진행할 아이에게는 매우 중요한 목표성향을 갖게 되는 것이다. 이 점은 현재 뿐 아니라 향후 성인이 되었을 때에도 중요하게 작용하게 된다.

내 아이의 자아존중감은 어느 정도일까?

1) 새로운 도전을 앞둔 아이의 반응

ⓐ 새로운 무언가를 배운다는 사실에 흥미를 느끼지만 능숙해질 때까지 얼마나 많은 노력을 들여야 할지 생각하며 약간 겁을 먹는다.

ⓑ 능숙해지기까지 오랜 시간이 걸릴 것이라는 사실을 알지만 매 순간 과정을 즐기며 배우기로 결심한다.

ⓒ 어쩌면 쉽게 해낼 수 있을 거라 생각하며 이를 자랑스럽게 여긴다. 하지만 첫 번째 시도에서 충분히 잘 해내지 못하면 바로 좌절하고 만다.

2) 문제의 정답을 맞히지 못하거나 경기 중 득점 찬스에서 실수했을 때 아이는?

ⓐ 곧바로 좌절한다. 그리고 다른 사람을 원망하거나 스스로를 비난하며 "역시 난 못해." 같은 말을 한다.

ⓑ 도움을 요청하고, 다음 번 시도할 때에는 좀 더 나아지기 위해 주변으로부터 얻은 정보를 적극 활용한다.

ⓒ 다시 시도해 보려고 노력은 하지만 일이 잘 안되면 바로 주눅이 든다.

3) 엄마랑 문제를 푸는 상황에서 답을 찾지 못할 때 아이는?

ⓐ 자신이 정답을 알지 못한다는 사실에 실망한다.

ⓑ 자신이 정답을 알지 못한다는 사실을 분명하게 말한다. 그리고 정확한 답을 주의 깊게 잘 듣는다. 심지어 좀 더 세부적인 사항을 물어보기도 한다.

ⓒ 허세를 부리며 자신의 답을 정답이라고 우긴다.

4) 새로운 개념에 대한 이해가 필요한 수학문제를 풀면서 어려워할 때 아이는?

ⓐ 자신은 새로운 개념을 이해할 수 없을 거라고 말하며 시작도 하기 전에 포기해 버린다.

ⓑ 최선을 다해 시도해 보고 그래도 이해하지 못할 경우에는 도움을 청한다. 그리고 조금씩 이해의 폭을 넓혀간다.

ⓒ 처음에는 나름대로 열심히 시도해 보지만 쉽게 이해되지 않으

면 이내 포기하려 든다.

※ ⓑ에 해당 항목이 많을수록 자아존중감이 높다는 것을 의미한다.
출처 : 조세핀 킴, '우리아이 자존감의 비밀'에서 발췌

이러한 아이의 자존감은 부모의 자존감에 직 · 간접적으로 영향을 받는다. 그렇다면 나의 자존감은 어느 정도일까?

내 아이의 자아존중감은 어느 정도일까?

📜 부모의 자존감 체크리스트

☐ 나는 스스로 현재보다 더 나은 상태로 발전시키는데 어려움을 느낀다.

☐ 나는 어떤 행사를 초대받았을 때 내 모습이 마음에 들지 않아 거절한 적이 있다.

☐ 나는 나 자신보다 남의 생각에 좌우되는 편이다.

☐ 나는 다른 사람들에게 관대한 반면 나 자신에게는 엄격하다.

☐ 나와 관련된 어떤 일이 잘못 되어가고 있으면 모두 내 탓인 것만 같다.

☐ 나는 어떤 일에 실망했을 때 다른 사람과 내가 처한 환경을 탓한다.

☐ 나는 부정적인 생각으로 하루를 시작하는 편이다.

☐ 나 스스로 행복할 자격이 없다고 생각한다.

☐ 내 결점이 드러나는 것에 대해 두려움을 갖고 있다.

☐ 내 안에는 나 자신을 못마땅하게 여기는 자아비판자가 있다.

☐ 나는 스스로 엄격하게 대하는 것이 자기발전을 위한 최고의 자극 혹은 동기 부여라고 믿는다.

☐ 내가 갖고 있는 훌륭한 재능을 그저 평범한 것이라 여긴다.

☐ 나는 스스로에 대해 별로 매력이 없는 사람이라고 생각한다.

☐ 나는 외로움을 자주 느낀다.

☐ 나는 평소 열등감으로 인해 많이 괴로워하는 편이다.

☐ 나는 내 의견보다 다른 사람 의견에 의존하는 경향이 있다.

☐ 나는 어떤 일을 할 때 '다른 사람이 어떻게 생각할까?' 라는
  문제로 주저하는 편이다.

※ V체크 한 항목이 많을수록 자아존중감이 낮다는 것을 의미한다.

출처 : 조세핀 킴, '우리아이 자존감의 비밀'에서 발췌

내 아이의 자아존중감은 어느 정도일까?

엄마의 자존감을 높이기 위해서
어떤 시도를 해야 할까?

부모의 자아존중감은 아이에게 직접적인 영향을 미친다.

자존감이 중요한 이유는 학습자에게 중요한 세 가지 영역에서 큰 영향을 주기 때문이고 이 영향은 성적과 진로 그리고 성인이 되었을 때 사회생활에도 영향을 주기 때문이다.

영향 중 첫 번째는 학습동기이다.

두 번째는 학습자의 학습 동기는 주의 집중력을 결정한다.

세 번째는 기억을 연결한다.

이와 같은 연구는 교육 심리학에서 매우 중요한 연구이고 임상이다. 따라서 부모의 자존감을 높이는 것이 아이의 자존감을 높이는 것이다.

그렇다면 자신의 자존감은 어떠할까? 나는 어떤 사람이라고 생각하는가?

나 자신을 좀 더 깊게 이해해 보기 위하여 나의 보이지 않는 내면에 대하여 생각해 보기를 권장하고 싶다.

부모의 자존감을 높이기 위한 전략으로는 자신에게 관심 갖기, 나만의 취미나 즐거움을 찾기, 자녀의 성공과 행복을 나의 성공이나 행복에서 분리하여 지켜보기, 부모 역할의 중요성과 가치를 인정하기 등이 있다.

나의 자존감을 높이기 위해 어떤 시도를 해볼 수 있을까?

머리로만 상상하거나 계획하지 말고 우선 당장 실천할 수 있는 계획을 작은 것부터 적어 보도록 하자. 우선 다섯 가지를 적어보기를 권장한다.

자~!! 지금 바로 시도해 보기로 하자.

1

2

3

4

5

엄마의 자존감을 높이기 위해서 어떤 시도를 해야 할까?

부모와 아이의 자존감을 높여보기

누군가를 믿어주고 신뢰한다는 것은 매우 중요하지만 어렵기도 하다.

하지만 믿음과 신뢰가 존재한다는 건 행복한 일이다. 특히 가족 간에 믿음과 신뢰가 존재한다면 더욱 그러할 것이다.

자녀를 믿어주고 신뢰한다면 그 결과로 아이들은 자존감 높은 아이로 성장하게 될 것이다. 또한 높은 자존감은 아이를 긍정적인 사고로 무장하게 할 것이며 어려움이나 실패, 좌절이 닥쳐도 굴하지 않고 헤쳐 나갈 의지를 갖게 할 것이다. 어떠한 상황에서도 최선을 다하는 자세를 갖게 될 것이다.

이때 부모의 역할은 실수를 했을 때 원인을 따지기 보다는 격려하고, 자녀가 겪고 있는 좌절과 슬픔에 공감하는 공감능력을 발휘해서 자녀가 부모로부터 소중하고 가치 있는 존재라는 의식을 계속 유지하도록 도울 필요가 있다.

부모의 이러한 태도는 자녀가 스스로 자신의 결점들을 극복하기 위해 노력하게 만들 것이다. 아이를 있는 그대로 인정하고, 믿고, 참고 기다리는 부모가 되어야 한다.

아이의 자존감을 높이기 위해서는 스스로 선택한 것에 대한 책임을 가지고 최선의 노력을 다하는 과정에서 성취감을 맛보도록 도와야 한다. 아이에게 선택권을 주기 위해서는 평소 아이의 생각과 의견을 자주 물어봐야 한다.

[그림 40] 경청하다의 '청'에 대한 한자 풀이

그러기 위해서는 소통이 매우 중요한데 아이의 의견이나 생각이 마음에 들지 않는다고 묵살하거나 무시하기 보다는 왜 그런 생각을 하였는지, 무엇 때문에 그러한 행동을 하게 된 것인지 참을성과 믿음을 갖고 끝까지 아이의 말을 경청하는 태도를 가져야 한다.

앞의 그림에서 보는 것처럼 듣는다는 의미의 '청'의 한자의 의미는 이렇게 구성되어 있다. '귀이(耳)'자와 '열개(十)의 눈(目)'자와 '마음을 뜻하는(心)'자와 '왕을 의미하는(王)'자로 구성되어 완성된 글이 바로 듣는다는 의미의 '청'이다.

전체적인 의미를 부여한다면 듣는다는 건 귀를 열고 상대를 바라보는 진지한 눈빛으로 상대가 전달하고 싶은 내용에 대하여 진실한 마음으로 왕을 대하는 듯한 자세로 듣겠다는 의미가 부여되어야 비로소 듣는다는 의미의 '청'이 완성되는 것이다.

아마 그러한 경험이 자주 있겠지만 상대와 대화를 할 때 우리는 단지 듣는 기능의 귀만을 즉 청각능력을 사용하여 듣기만 하는 것이 아니라 상대의 얼굴표정, 몸짓과 같은 다양한 표현들을 눈으로 보면서 대화를 하게 된다. 이때 소리뿐 아니라 비언어적인 행동 역시 대화에 포함되는 것을 경험하게 된다.

상대의 표정만 보아도 내 말에 관심이 있는지, 진지하게 듣고 있는지, 공감하고 있는지 등을 느끼게 된다. 마찬가지로 아이와의 대화에 있어서도 부모는 예를 들어 아이가 무엇인가를 말하려 할 때 설거지를 하는 도중에 또는 청소를 하면서 아이의 말을 듣고 있다면 자녀하고는 진정한 소통과 공감이 이루어지고 있지 않다는 것을 기억해야 할 것이다.

진정 진실한 대화와 공감을 이끌어내는 대화를 하고 싶다면 귀를 열고 아이와 눈을 마주보며 "너의 말에 엄마는 무척 관심이 있단다"라는 마음이 전달되도록 특별한 사람을 대하듯 아이의 말을 듣고 있어야 할 것이다.

자녀의 자율성을 키워주기 위해 자녀의 이야기를 끝까지 경청해 준다면 자신의 이야기를 들어주려고 노력하는 모습을 보면서 아이의 자존감은 점점 높아질 것이다. 그리고 그 힘과 경험은 다른 사람과의 관계에서도 그대로 적용되어 부모가 자신을 대했던 대로 다른 사람을 대하게 된다.

또한 다른 사람의 이야기를 경청할 수 있는 소양을 갖게 된다면 그 아이는 누구나 좋아하고 사랑받는 아이가 될 것이다.

다른 사람의 약점과 잘못한 실수를 지적하기 보다는 잘하는 것을 찾아서 격려할 줄 아는 성숙하고 인간미 있는 사람으로 성장하게 될 것이다.

사회의 한 구성원으로 좌절이나 실패의 상황에서도 낙담하지 않고 노력하는 모습과 상대의 단점보다는 장점을 보려고 노력하는 모

부모와 아이의 자존감을 높여보기

습은 다른 사람들에게 희망을 전달하는 사회의 이로운 구성원으로서 살아가게 될 것이다.

사람은 어떤 존재인지에 대한 의식과 다른 사람과 상호작용을 통해 자신이 어떤 사람인가를 끝없이 확인하고 싶어 한다.

부모로부터 존중받았던 아이는 스스로를 존중할 수 있게 되고 다른 사람을 존중하는 태도를 자연스럽게 보이게 된다. 존중의 시작은 관계성(empathy)과 공감(sympathy)이다. 부모가 아이와의 관계에 있어서 공감 능력을 적극적으로 사용하였다면 아이는 자신이 충분히 존중받을 만한 가치가 있다는 확신을 갖고 높은 자존감을 유지하게 된다.

매우 중요한 요소는 자신이 공감한 마음을 상대에게 전달하는 능력도 매우 훌륭하다는 것이다.

이런 아이는 부모와 소통이 잘 이루어지고 자신에 대해서 더 잘 표현하게 된다. 또한 부모가 자신을 이해하기 위해 애쓰고 있음을 공감하므로 관계가 좋을 수밖에 없다.

이 점은 많은 논문에서 연구된 것처럼 부모하고 관계가 좋은 자녀일수록 학교에서 교사와 관계가 좋았으며 급우들과의 관계도 좋았고 일반적인 아이들에 비하여 창의력, 문제 해결력, 의사소통 능력, 자기주도성과 성적이 높았다는 결과를 볼 때 참으로 중요하지 않을 수 없다.

단, 자녀와의 관계성과 공감능력 소통을 해나갈 때 주의해야 할 점은 아이의 감정을 받아주더라도 행동의 경계는 분명히 설정해 주어야 한다는 것이다.

교육이란 경계를 분명히 하는 것이다. 타협할 수 있는 게 있고 절대 타협할 수 없는 것이 있다는 경계를 분명히 하는 것이다.

좋은 감정과 격한 감정이 생길 때 감정대로 행동하는 것이 아니라 행동에는 옳고 그름이 있기 때문에 감정을 어떻게 처리하고 표현해야 되는가 하는 책임에 대해서도 가르쳐야 하며 잘못된 행동은 할 수 있지만 다시 반복되지 않아야 하고, 이미 잘못된 행동에 대한 책임도 아이에게 지도록 해야 한다. 즉, 올바른 행동과 옳지 않은 행동을 구분할 수 있게 가르쳐야 한다.

부모와 아이의 자존감을 높여보기

"학령전기에서부터 초등학교에 이르기까지
새로운 환경에서 아이가 친구와 관계를 맺고,
적응하며 지내기 위해서 부모는 어떻게 해야 할까?"

유치원은 배움이 시작되는 적기교육

격려와 지지를 할 때

아이가 옳은 행동을 했을 때 또는 옳지 않은 행동을 했을 때 부모는 어떻게 대처해야 할까? 자녀의 현재 모습보다는 미래에 초점을 맞추어야 한다. 긍정적인 메시지를 아이에게 전달하는 것이다. 그리고 칭찬보다는 격려의 말을 자주 해주는 것이 좋다. 칭찬은 성공하거나 잘할 때만 쓸 수 있지만 격려의 말은 실패할 때에도 쓸 수 있기 때문이다. 행위에 초점을 맞추는 것은 칭찬이지만, 행동에 초점을 맞추는 것은 격려이다. 과정에 초점을 맞추는 것은 아이에게 격려가 되고 더 많은 일을 수행할 때 끝까지 해낼 수 있는 힘이 만들어지기 때문이다.

에릭슨(Erik Homburger Erikson)의 발달 이론에 따르면 유치원 시기는 스스로 행동을 주도하려고 하고 의미 있는 학습욕구가 자연스러워지며 자아성장을 결정하는 매우 중요한 시기이다.

유치원에 입학한 아이들은 자신이 해야 할 일을 일관성 있게 꾸준히 해나가는 과정에서 근면성과 성취를 배우게 된다.

자신이 좋아하는 관심사에 몰입하고, 나 혼자가 아니라 상대가 있고 우리가 함께 한다는 사회성도 발달하게 된다.

사회성과 근면성은 새로운 것을 배우고 익히는데 무척 중요한 덕목이다. 특히 유치원 시기에 길러진 근면성은 인생 전반에 큰 영향을 미치게 된다. 또한 초등학교에서 배우게 되는 모든 학습과정에서 필요로 하는 덕목이기도 하다. 이와 같이 유치원 교육의 가치가 크고 인생에 큰 영향을 주기 때문에 체티 교수는 유치원 교육이 미래 대학 진학과 소득에 미치는 결과에 대하여 연구하고 강조했던 것이다.

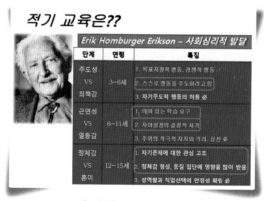

[그림 41] 사회심리 발달 단계

이 점에 대하여 관심을 가져야 한다. 공부란 배우고 익히는 것을 의미한다. 유아기에 익숙했던 단순한 놀이로부터 벗어나 배움이라는 공부로 전환하게 된다. 배우고 익히는 과정에서 자신의 욕구와 충동을 통제하고 조절하는 노력은 매우 필요하다. 이 시기의 아이들은 공부를 즐겁고 신나게 하기 위하여 모르는 것을 해결하고 알아가는데 기쁨과 만족을 느끼도록 도와주어야 한다. 즉, 새롭게 배우는 속도보다 모르는 것을 줄여가는 재미를 느끼고 경험하게 해야 한다는 것이다.

아이가 공부하기 싫어하거나 꾀를 피울 때 어떻게 대처하는가?

"왜 그렇게 엄살이야!". "그것도 못해?", "넌 그게 문제야!", "그럴 줄 알았어! 네가 그렇지 뭐!", "너한테 기대를 한 엄마가 바보지!", "됐어 그만하고 집어치워!", "도대체 커서 뭐가 되려고 그러니?", "거지되고 싶어서 그래?"… 협박과 같은 이러한 방법은 자녀가 배움에 대해 흥미와 호감을 갖는데 매우 좋지 않은 영향을 미친다.

공부가 왜 필요한지 그리고 배우기 위해 노력하는 것이 얼마나 행복한 일인지, 자녀가 노력하고 최선을 다하는 모습을 보며 엄마 아빠가 얼마나 행복해 하는지에 대해서 부모의 메시지가 자녀에게 전달되도록 노력할 때 학습동기 형성에 중요한 역할을 하게 된다. 그와 같은 것을 학습자의 내적 동기라고 한다.

아이들의 인지발달 과정의 이해

인지발달 이론에 따르면 이 시기의 아이들은 손가락을 펴고 덧셈과 뺄셈을 하는 것이 자연스럽고 그리고 오감을 통해 배우고 이해하고 습득해 나가는 시기이다. 따라서 선행학습과 같은 양적인 학습은 학습의욕을 떨어뜨릴 수 있다.

학습내용을 머릿속에 채워가는 것보다는 공부하는 방법과 익히는 과정에서 배우는 게 얼마나 재미있고 흥미 있는 것인가를 경험하게 해주는 것이 중요한 시기이다. 급한 마음으로 아이를 재촉하기 보다는 방향과 목적을 생각하며 아이를 격려해주는 것이 부모가 해야 할 중요한 역할이다. 특히 학습욕구가 일어나는 이 시기는 주변 환경이 매우 큰 영향을 준다.

특히 정서가 집중력에 영향을 많이 미치는 시기이므로 특성상 가정에서 편안한 정서적 환경을 만들어 주는 것이 중요하다. 또한 발달 과정에서 보이는 자녀의 행동의 미숙함은 당연히 일어나는 일이므로 바로잡으려 애쓰지 말고 유치원 선생님에게 신뢰와 믿음을 보이면서 상의하는 것이 매우 지혜로운 방법이다.

혼자가 아니라 함께

늘 혼자가 익숙하고 부모와 자신이 익숙한 아이가 이제 유치원에 가게 되면 경험을 통해 학습을 하게 하는 활동들이 이루어지게 된다.

이때 유치원 친구들과의 관계와 협력이 중요하다. 관계 맺기, 친구 도와주기, 도움 받기, 약속 지키기, 상대 말에 귀 기울이기, 선생님 말씀하실 때 한눈 팔지 않기, 인사하기, 대답 잘하기와 같은 내 아이의 좋은 행동은 반 친구들 그리고 선생님과의 관계에 매우 긍정적인 영향을 미치게 되고 그 영향은 아이의 높은 자존감을 형성하고 유지되며 확장되어 나갈 것이다.

[그림 42] 아이는 또래와 놀면서 친구와 말하는 방법, 양보하는 방법들을 통해 자연스럽게 사회성을 익히기 시작한다.

개인적인 차이가 다소 있지만 보통 어린이집, 유치원 등 취학 전에서부터 성별, 특성, 관심도에 따라 친구집단이 만들어진다고 한다. 하지만 학령전기의 아동에게는 여전히 주 양육자인 엄마, 아빠와의 상호작용이 가장 중요한 존재이며 또래에 대한 관심보다는 부모나 선생님으로 받는 칭찬과 관심을 더 중요하게 여긴다.

이 시기에 아이 입장에서의 친구는 부모와는 또 다른, 즐거움의 대상으로 같은 관심을 공유하고 마음을 나누기보다는 같이 놀 수 있는지가 가장 중요한 요소이다. 친구가 달리면 이유 불문하고 나도 같이 달리고, 웃으면 같이 웃는다.

아이는 이렇게 또래와 놀면서 말하는 방법을 배우고, 친구의 말에 집중하고 귀를 기울이며, 함께 노는 방법, 양보하는 방법을 자연스럽게 익히기 시작한다. 이와 같은 또래관계는 아이가 태어나서 지금까지 주로 함께 해온 가족이라는 양육적이고 의존적인 환경에서 또다른 환경이 시작되는 것이다.

그렇다면 학령전기에서부터 초등학교에 이르기까지 새로운 환경에서 아이가 친구와 관계를 맺고, 적응하며 지내기 위해서 부모는 어떻게 해야 할까?

유능감을 갖게 도와주기!

아이가 유치원에서 여러 가지 활동에 참여하면서 "나 이거 잘해요"하며 자기에 대한 유능감을 경험하는 기회를 놓치지 않는 것이 중요하다. 아이들은 유치원에서 시간을 보내면서 점차 자신의 모습을 통합할 수 있는 능력을 지니게 된다. 가령, "나는 여자애들한테 인기가 좋은 편이다. 우리 반 남자애들은 태권도를 잘하는 나를 부러워한다"와 같이 아이들은 신체, 사회, 활동, 학습이라는 비교적 구체화된 영역에서 자기에 대한 전반적 표상을 드러낸다. 이러한 과정에서 아이가 자신에 대해 긍정적인 표상을 갖는 것이 또래관계에서 중요한 요소가 된다.

아이가 가지는 통합된 자기 개념에서의 긍정적 평가는 또래 집단 내에서 자신감을 갖게 만들고 또래와의 상호작용에서도 긍정적인 경험을 할 가능성을 높인다. 반면 자신감이 부족하면 또래와의 상호작용에서도 부정적인 경험을 할 확률이 크고 이러한 경험을 통해 더욱 자신감을 잃게 될 수 있다.

우리 아이는 무엇을 잘하는가? 딱히 잘하는 점이 없다고 느껴지는 경우가 많을 것이다. 이것은 우리 아이가 다른 아이에 비해 무엇을 잘하는지를 찾아내려하기 때문일 수 있다. 하지만 우리 아이가 다른 아이에 비해 무엇을 잘하는지가 아니라 우리 아이가 다른 것들에 비해 무엇을 잘 하는지를 생각해 보자. 가령 운동보다는 그림 그리기를 잘한다든지, 수학보다는 책읽기를 좋아한다든지. 그것을 찾은 이후에는 그 점을 더욱 북돋아 주려고 노력하자.

타인에 대해서도 부정적인 면을 보기 보다는 나보다 잘하고 나은 점을 찾고 다른 사람의 입장을 이해하고, 함께 참여하고 인내해야 한다는 것도 가정에서부터 가르쳐야 한다.

인간은 사회적 동물이다. 아이들은 또래관계를 통해서 다른 사람의 입장을 이해하고 다른 사람의 말을 들어주고, 함께 나누고, 참여하고, 인내하는 것을 배우고 이를 바탕으로 올바른 사회적 상호작용을 형성하기 시작한다.

내 아이에게 '친구'라는 관계의 중요성은 말할 나위가 없다. 그래서 친구의 모습을 떠올려보면 꽤나 많은 종류의 친구들이 생각날 것이다. 사람들마다 친구 혹은 우정에 대한 가치관의 차이가 있고 이로 인해 한마디로 정의를 내리기가 쉽지 않다. 하지만 친구 관계의 바탕을 이루고 있는 것이 수용, 신뢰, 존중 등의 가치라는 것은 아마도 거의 모든 사람들이 동의할 것이다.

우리는 왜 친구 관계가 필요할까? 친구는 어떤 의미와 기능을 가

아이들의 인지발달 과정의 이해

지는 것인가? 먼저 친구는 공감의 대상이다. 그래서 자신의 고민이나 갈등을 함께 해줄 수 있는 사람이 있다는 사실만으로 세상을 살아갈 큰 힘이 된다.

친구는 심리적으로 안정된 소속감을 제공해 주는 동시에 본인의 삶에 대한 중요한 비교 기준으로 작용을 한다. 친구 관계는 기본적인 단위의 소속감을 부여하게 된다. 또한 집단의 구성원으로서 다른 구성원의 모습을 관찰하고 자신과 비교하는 과정을 통해 본인의 발전을 위한 주요 동기와 지표로 삼게 된다.

친구를 통해 여러 가지 정보를 공유하거나 교환하고 물질적인 도움을 주고받기도 한다. 물론 친구 관계를 기능으로 설명하는 데에 한계가 있긴 하지만 지금 언급하는 기능들이 제대로 작동하지 않을 때 친구 관계를 유지하기 쉽지 않다는 것은 '친구'라는 관계 및 관계의 유지가 상당히 현실적일 수밖에 없다는 반증이기도 하다.

예를 들어 어느 집단에 소속된 사람은 각기 다른 역량을 지니는데, 쾰러(Köhler, 1926)는 다른 집단 구성원에 비해 상대적으로 능력이 떨어지는 사람들이 집단의 수행에 맞추기 위해 혼자 수행할 때보다 더욱 노력하여 결과적으로 집단의 생산성을 증가시키는 현상을 관찰하였다.

[그림 43] 친구는 공감의 대상이며, 고민이나 갈등을 함께 해줄 수 있는 큰 힘이다.

어떤 일을 처리하는 데 있어 한 사람만의 생각과 힘으로 끌고 나가는 것은 대체로 어리석은 일일 뿐 아니라 때론 불가능한 일이기까지 하다. 아주 어린 유치원생들의 모둠활동에서부터 공동 작업은 시작되며, 자라면서 크고 작은 조별 활동과 팀 작업, 특정 단체 소속, 가족회의, 아파트 반상회에 이르기까지 사람들이 모여 함께 일을 진행한다. 같이 모여서 무언가를 하는 이유는 공동의 주제와 목표를 가진 사람들 즉, 같은 방향성을 지닌 사람들이 서로를 통해 동기를 유발시키고 새로운 아이디어나 힘을 얻기 위함이다.

따라서 내가 속한 집단에 대해 긍정적인 태도를 지니고 있거나(가령 나는 A팀의 일원이야, 이번에 내가 속한 팀은 축구로 치면 국가

아이들의 인지발달 과정의 이해

대표 수준이야), 구성원들이 일의 중요도를 '나'에게 중요한 일이 아닌 '우리'에게 중요한 일로 생각한다면 과제에 대한 개인의 노력의 양은 증가한다.

개인은 집단의 구성원이지만 의사결정과정에서 집단이 클수록 내 목소리는 작아져 버리고, 주류의 흐름에서 벗어나지 않으려 노력하기도 한다. 하지만 집단 내의 의사결정시의 오류나 잘못된 집단 사고에 빠지지 않도록 경계해야 보다 효과적이고 올바른 판단을 할 수 있을 것이다.

그리고 '나는 내가 원하는 집단에 소속되어 있는가? 내가 속한 집단의 구성원들은 나의 목표를 이루어 가는 데 도움이 되는 사람들인가?' 또한 '나는 내가 속한 집단에 도움이 되는 사람인가?'에 대해서도 생각해 보자. 혹시 큰 집단 뒤에 숨어 나 하나쯤이야 식의 빈번한 무임승차의 늪에 빠지지는 않았는가? 하지만 경쟁이 극심하고 서열화 된 우리의 교육환경에서 아이들에게 올바른 사회적 기술의 발달을 기대하는 것은 무리가 아닐까? 이렇게 생각이 들지 모르겠지만 아이가 살아가야 할 세상은 지금보다 좀 더 아름다워져야 할 것이다. 그러기 위해서는 현재를 비관하기 보다는 희망을 말하고 노력하는 것이 우리 어른이 해야 할 숙제가 아닐까 생각한다.

바로 이러한 아이의 특성이 유치원 과정을 마치고 초등학교 교육이 시작되면서 좀 더 고차원적인 학습을 해 나갈 때 힘(power)을 발휘하게 될 것이다.

이런 아이는 수업 시간에 좀 더 잘 집중하게 되고 수업에 적극적으로 참여하고 발표하는 성향을 보이게 된다. 뿐만 아니라 자신이 해야 할 일을 정리하고 실천하는 습관 또한 일반적인 아이에 비하여 빠르다.

아이들의 인지발달 과정의 이해

나의 아이, 얼마나 알고 있나요?

- 에너지가 넘치는 우리 아이, 유치원 생활은 잘 할 수 있을까?
- 소심하고 내성적인 우리 아이, 친구들과 잘 지낼 수 있을까?
- 준비물, 숙제, 책가방, 방 정리 등 아무것도 안하려 하는데 어 떻게 하지?
- 친구들 좋아하고 성격은 좋은데 자기 주장을 못하는 우리 아 이, 나쁜 친구들 만나면 어떻게 하지?

아이들은 저마다 다른 기질을 가지고 태어난다. 내 자녀가 다른 아이들보다 유별나다고 자녀 탓만 하거나 또는 부모 잘못으로 돌리 지 말고, 먼저 내 자녀가 어떤 기질을 가지고 태어났는지 이해하고 안다면 자녀의 장점을 살려 성장할 수 있게 도와줄 수 있다.

기질이란 감정적인 경향이나 반응에 관계되는 성격의 한 측면을 말하는데 아래의 질문을 통해 내 자녀의 기질을 판단해보기 바란다.

유아기부터 지금까지의 아이의 모습을 통해 자녀의 기질을 유추

해 보고 부모로서 놓치고 있었던 부분이 있다면 다음의 내용을 통해 도움이 되길 바란다.

내 자녀의 기질

1 반응의 강도는 어느 정도인가?

부드러운 반응 VS 격렬한 반응

2 하던 일에 대한 집중도는 어느 정도인가?

쉽게 포기한다 VS 계속 몰두한다

3 예민한 감각을 지니고 있나?

그다지 예민하지 않다 VS 대단히 예민하다

4 지각능력이 어느 정도인가?

별로 한눈을 팔지 않는다 VS 주위에 관심을 쏟는다

5 변화에 얼마나 빨리 적응하는가?

적응이 빠르다 VS 적응이 느리다

6 생활이 규칙적인가?

규칙적이다   VS   불규칙적이다

7 에너지 수준은 어느 정도인가?

조용하다   VS   매우 활동적이다

8 낯선 것, 새로운 것에 대한 첫 반응은 어떠한가?

바로 빠져든다   VS   직접 해보기 전에 관찰한다

9 평소 마음가짐은 어떠한가?

만족스런 상태이다   VS   심각하고 분석적이다

아이의 기질을 이해하고 도와주기

1. 감정 기복이 심하고 격렬한 반응을 보이는 아이

활발하고 표현력이 풍부한 아이다. 제대로 통제만 된다면 격렬함은 인생의 향기를 불어넣는다. 당신의 아이는 바로 격렬함 덕분에 생명력이 넘치고 쾌활한 것이다. 격렬함은 기질 강한 아이의 강한 반응

[그림 44]
게티이미지뱅크

뒤에 숨은 힘이다. 격렬함을 재대로 다룰 수 있다면 보통 사람들이 경험하지 못하는 깊고 강한 기쁨을 안겨준다. 하지만 위험한 방향으로 흐를 가능성 또한 크기 때문에 각별히 신경을 써야 한다.

🔍 부모가 꼭~ 알아야 할 사항

– 격렬함이 도를 지나치기 전에 자기 감정을 파악할 수 있게 교육한다.

– 목욕, 책읽기 등 마음을 달래고 가라앉힐 활동을 알려준다.

– 격렬한 반응을 누그러뜨리는 데는 유머가 좋다.

– 처벌이 아닌 스스로를 가라앉힐 수단으로써 '일시 중지'의 가치를 아이
에게 알려준다.

2. 고집이 세고 한번 집중하면 포기할 줄 모르는 아이

의지가 강하고 자기주장
이 뚜렷한 아이다. 이런 아
이들은 뜻밖의 능력을 보임
으로써 부모를 놀라게 만들
기도 한다. 세상은 이렇게
고집 세고 몰두하는 사람들

[그림 45]
zamizemi유아뉴스

에 의해 굴러간다는 점을 기억하자. 고집 센 아이, 몰두하는 아이와
함께 살기란 쉽지 않은 일이다. "하지 마."라고 말하며 아이의 의지
를 꺾으려 하다가 더 큰 화를 부를 수도 있다.

⊙ 부모가 꼭~ 알아야 할 사항

- 아이에게 타협하는 방법을 가르친다.
- 막다른 골목에 몰렸을 때 어떻게 더 나은 해결책을 찾을 수 있는지 알
  려줘라.
- 규칙을 확실하게 정해 놓아라.
- 일관성을 잃어서는 안 된다.

3. 예민한 아이

예술적 감각이 뛰어난 아
이이다. 예민한 아이는 우리
대부분이 한 번도 도달해 보
지 못한 수준까지 보고 듣고
냄새 맡으며 느낀다. 이런
아이는 훌륭한 요리사, 예술

[그림 46]
베이비뉴스

가, 디자이너가 될 수 있는 감각을 타고났다. 예민함은 우리 인생을
풍요롭게 한다. 그 예민함이 아니었다면 전혀 모르고 지나쳤을 아름
다움을 발견하고 알려줌으로써 모두를 기쁘게 하기도 한다. 하지만
예민한 아이는 과도한 자극에 스트레스를 받기 쉽고, 이러한 상황을

스스로 통제하지 못하므로 세심한 배려가 필요하다. 예민한 아이의 자극 정도를 관찰하고 긍정적인 방식으로 예민함을 발휘하도록 돕는 것은 부모의 역할이다.

🔍 부모가 꼭~ 알아야 할 사항

– 아이가 경험하는 풍부한 감각이나 감정에 대해 이야기를 나누고, 그것을 적절히 표현할 방법을 알려줘라.
– 아이가 받는 자극의 강도를 살펴라.
– 아이의 미디어 사용(텔레비전, 스마트폰, 컴퓨터 등)을 제한하라.
– 아이 스스로 지나친 자극을 받고 있는지 여부를 깨닫고 도움을 요청할 수 있게끔 하라.

4. 산만한 아이

지각능력이 뛰어나고 창의적인 아이이다. 아름다운 전원풍경을 눈에 보이듯 그려내는 작가는 뛰어난 지각능력을 가진 사람이다. 세상은 이러한 능력을 필요로

[그림 47]
게티이미지

한다. 이런 아이는 주변에 대한 지각능력이 대단히 높다. 그래서 어른들은 흔히 놓치는 작은 자극들도 모두 알아차린다. 그 덕분에 나이답지 않은 이해력과 통찰력을 지니기도 한다. 지각능력은 엄청난 장점이다.

하지만 무수한 정보에 휩싸여 꼭 필요한 것을 제대로 골라내지 못한다면 문제가 발생한다. 어디에 초점을 맞춰야 할지 모르는 셈이다. 이렇게 되면 혼란에 빠져 부모나 선생님의 지시를 제대로 따르지 못하고 주의가 산만하다는 평을 받게 된다. 지시사항을 들으려 하지 않는다는 오해도 산다. 이런 아이가 자신의 지각 능력을 이해하고 중요한 메시지를 제대로 골라낼 수 있게끔 돕는 것이 부모의 역할이다.

⚲ 부모가 꼭~ 알아야 할 사항

- 사랑을 표현하는 말로 아이의 용기를 북돋워 줘라.
- 다양한 방식으로 메시지를 전달하라.
- 부드러운 신체 접촉도 지시를 따르게 하는데 효과적이다.
- 눈 맞춤을 통해 주의를 집중시켜라.
- 간결한 메시지를 전하라.
- 한 번에 너무 여러 가지를 지시하지 마라.

아이의 기질을 이해하고 도와주기

5. 적응이 느린 아이

계획적이고 줏대 있는 아이이다. 어떤 일을 준비하고 계획하는 작업을 잘 해낼 수 있고, 어른이 되었을 때 나쁜 환경에 쉽게 빠져들지 않는다. 이 유형의 아이는 이

[그림 48]

장소에서 저 장소로, 이 이야기에서 저 이야기로 옮겨가는 것이 늘 힘들다. 어느 한 장소나 행동, 기분으로부터 다른 것으로 전환해야 한다는 것을 금방 받아들이지 못하는 아이의 기질 특성 때문이다.

적응력이 떨어지는 아이에게 부모는 전환이 어떻게 일어나는지에 대해 이해시키고, 전환이 일어날 때 느끼는 감정을 표현할 수 있게끔 도와주어야 한다.

그러자면 우선 '일상적인 활동이나 사건의 시작과 끝이 어디인지', '오늘 하루가 보통의 일상과 달랐던 점은 무엇인지'를 살펴볼 필요가 있다.

시작과 끝을 명확하게 짚어준다면 시간이 가면서 아이 스스로 그것을 파악하게 된다. 또 어른들 중에도 적응이 느린 사람이 많다는 점을 알려줘라. 아이가 자기 혼자만 비정상이라는 생각을 갖지 않게

해야 한다.

🔍 부모가 꼭~ 알아야 할 사항

– 정해진 일상을 만들어주고 하루의 계획을 미리 설명하라.

– 전환하게 될 때는 충분한 시간 여유를 줘라.

– 무슨 일이 일어날지 미리 예고하라.

– 계획을 짤 때에는 사전에 전환 횟수를 제한하라.

6. 예측이 어려운 아이

불규칙한 환경에도 적응이 뛰어난 아이다.

우리 사회에는 그런 사람이 필요하다. 의사나 간호사, 소방관, 경찰관, 비행기 조종사 등 우리가 잠자는 시간에도 일하는 역할을 훌륭

[그림 49]
아시아경제

히 해낼 수 있다. 일체 예측을 불가능하게 하는 이 특성은 일부 아이들에게서 나타난다. 남과 다른 신체 리듬을 타고난 것이다.

이 유형의 아이들은 같은 시간에 배고픈 법이 없고 언제 자고 싶어 할지도 모른다. 규칙적인 세상에서 불규칙적인 몸을 타고난 아이가 제대로 적응하여 생존하게끔 하는 것은 부모의 역할이다.

불규칙한 아이는 자칫하면 따돌림을 당하기 쉽다. 신체 리듬이 다른 아이와 맞지 않기 때문에 이상한 아이로 여겨지는 것이다. 결국 부모가 아이로 하여금 자신이 타고난 특성을 받아들이고 긍정적으로 생각하도록 도와주어야 한다.

> ### ⊙ 부모가 꼭~ 알아야 할 사항
> – 일상생활에서 일관된 계획을 짜서 아이가 적응하도록 한다.
> – 불규칙적인 아이가 일상에 적응하기 위해서는 시간이 걸린다는 점을 이해하고 인내심을 발휘하라.
> – 가능한 빨리 아이에게 자기 관리 능력을 키워줘라.

7. 부산스러운 아이

활동적이고 '끼'가 많은 아이다. 운동선수나 예술인 등 에너지 수준이 높은 사람들은 사회에서 중요한 역할을 맡고, 또 많은 이들의 사랑을 받고 있다. 에너지는 곧 아이의 자원이라는 점을 인식하라.

기질적으로 활발한 아이는 단지 움직이고 싶어서 그렇게 하는 것이 아니다. 오히려 끊임없이 움직여야만 하는 몸을 갖고 태어났다고 말하는 편이 정확하다. 당신을 놀라게 하려고 가구 위로 올라서거나 의자를 넘어뜨리는 것이 아니다. 아이는

[그림 50]

유난히 높은 수준의 활동성을 타고났고, 부모인 당신이 그것을 긍정적으로 다룰 수 있는 방법을 알려주어야 한다. 우선 높은 에너지 수준에 대해 칭찬을 해주어야 한다.

⊕ 부모가 꼭~ 알아야 할 사항

- 아이의 에너지 계획을 짜라. 뛰고 오르고 춤출 기회를 마련하라. (신체 에너지 발산) 하지만 너무 지나치지 않게끔 지속적으로 관찰해야 한다.
- 너무 오랫동안 가만히 앉아 있어야 하는 활동을 피하라.
- 아이가 한참동안 앉아서 시간을 보냈거나 좁은 장소에 머물러 있었다면 뛰어놀 시간과 공간을 제공하라.
- 거친 행동은 종종 다른 기질 특성, 즉 예민함이나 적응문제와 연결된다는 점을 기억하라.

아이의 기질을 이해하고 도와주기

8. 낯선 것을 싫어하는 아이

행동하기 전에 먼저 생각하고 확인해보는 신중한 아이다. 하버드 대학의 케이건 박사에 따르면 모든 아이의 15% 가량은 낯설거나 새로운 환경을 접하는 순간 매우 당황하게 된다고 한다. 혈압이 상승하고 동공

[그림 51]
blog.naver.com/rnselr/2211

이 확대되며 성대가 긴장하는 식의 반응이 일어나게 된다. 이렇게 낯선 것에 부정적인 첫 반응을 보인 아이에게는 강요가 아니라 격려가 필요하다. 아이가 낯선 것을 싫어하고 거부하는 습관에서 벗어나게 만들자면 많은 노력이 필요하다. 하지만 아이가 행동에 앞서 먼저 생각하려는 성향을 갖고 있다는 것은 많은 부모들에게 축복이다. 특히 아이가 청소년기에 접어들었을 때에는 더욱 그렇다.

🔍 부모가 꼭~ 알아야 할 사항

- 아이를 격려하라. 결코 강요해서는 안 된다.
- 앞으로 일어날 상황에 대해 미리 자세히 설명하라.
- 새로운 활동을 시작하는 단계라면 조금 일찍 도착해 사전에 관찰할 기회를 줘라.
- 처음에는 거부했지만 이제는 익숙해진 많은 것들을 아이에게 상기 시켜라.
- 아이가 다시 시도해 보게끔 용기를 북돋워 줘라.

9. 분석적이고 까다로운 아이

꼼꼼하고 깊이 생각하는 아이다. 중요한 구매 결정을 할 때 아이의 도움을 받을 수도 있고 세상에는 비판적인 시각을 가진 사람이 필요하다.

[그림 52]
kizmom

비평가, 판사, 기자 등의 역할을 훌륭히 해낼 것이다. 아이의 성향은 두뇌활동의 유형에 따라 결정된다고 한다. 심각하고 분석적인 성향은 아이의 컨디션이나 기분과는 아무 상관이 없다. 그런 식의 두뇌활동을 타고난 것이다.

부모로서 당신은 아이의 그런 성향을 이해하고 아이가 때로는 비판적으로, 때로는 긍정적으로 행동할 수 있게끔 알려주어야 한다.

> ### 🔍 부모가 꼭~ 알아야 할 사항
>
> - 아이가 긍정적인 면을 볼 수 있게 도와주기. 아이가 할 수 없는 일이 있다면 할 수 있는 일이 무엇인지 찾아내도록 하라.
> - 일상생활에 꼭 필요한 매너를 익히게끔 가르쳐라.
> - 전체에 대한 한 줄 평가보다는 상황의 각 측면(부분)에 대해 생각할 수 있게 질문을 던져라.

출처: 서울시교육청 전환기 학부모교육 바람직한 부모의 역할 중 발췌 inbumo,
〈기획특집-다르게 빛나는 아이들, 이젠 기질에 맞춰 키운다.〉

모든 부모들은 아이를 '잘' 키우고 싶어 한다. 잘 키운다는 게 어떤 것인지는 사람마다 조금씩 다르겠지만 가능하다면 훌륭하게 되기를 바라는 마음은 부모라면 누구나 마찬가지일 것이다. 건강하고, 인성도 바르며 자기 주도성과 게다가 학교 성적도 좋은 아이, 대인 관계 능력도 좋아서 친구들과 원만하고 매사에 자신감 넘치는 아이로 자라기를 바랄 것이다.

여러 가지 이유들을 말하지만 결국은 아이의 '행복', 나아가 부모

PART 10. 유치원은 배움이 시작되는 적기교육

의 '행복'으로 이어지기 때문에 그 어떤 것도 포기하기가 쉽지 않다.

게다가 부모들은 일상 속에서 아이와 이러저런 일로 부딪치며 마음이 상하고 절망에 빠지곤 한다. 해야 할 일은 태산인데 아이는 내 맘대로 움직여지지 않는다.

하지만 현명한 대처방법을 익히고 실천한다면 아이와의 갈등은 줄이면서 건강한 아이로 성장시킬 자신감을 얻을 수 있다.

따라서 아이를 하나의 인격체로 받아들이고 서로의 차이를 인식하고 존중해야 한다. 부부가 서로를 존중하고 아낄 때 아이는 그것을 보고 존중이 무엇인지를 배우게 될 것이다. 그런 아이는 부모를 존중할 뿐 아니라 타인에 대한 존중심도 켜져갈 것이다. 서로가 협력하는 관계로 발전할 수 있고 이러한 관계 능력은 이후 성적과 진로에 영향을 주게 될 것이다.

아이가 태어나서 처음 접하는 작은 사회인 가정에서 부모의 사랑과 보살핌만 받는 수동적인 존재로서 머무르는 것이 아니라 능동적으로 참여하여 자신의 의사를 관철시키고 작은 성공의 경험들을 계속 쌓는 경험을 해야 한다.

지극히 평범하고 당연한 사실 같지만, 부모들은 그 속에 아이와의 갈등을 해결하고, 아이의 숨은 잠재력을 키울 기회가 숨어있다는 것

아이의 기질을 이해하고 도와주기

을 기억해야 할 것이다.

아이가 어렸을 때부터 매슬로우(Abraham H. Maslow)의 이론에서처럼 사회적 욕구를 존중받고 부모와 함께 협력하여 원만한 가정생활을 한다면 자기 주도성과 책임감도 키우고 자신의 능력을 충분히 발휘하면서 자신이 이 사회에 필요한 사람이라는 느낌과 함께 행복감을 경험하게 될 것이다.

그렇다면 부모로서 자녀 교육에 있어 어떤 방법을 알고 적용해야 할까? 아이가 부모에게 하는 성가신 행동에 내포된 진정한 사회적 욕구를 이해하고 또한 아이와의 갈등을 최소화 하며, 아이의 말썽과 성가신 행동을 줄임과 동시에 사회적 욕구를 충족시키는 효율적인 방법을 알고 적용해야 한다.

아이의 자기주도성과 자신감을 어떻게 만들어 줄 수 있을까? 분별력과 책임감을 키우는 방법으로써 경험적 결과와 논리적 결과를 제시하고 원만한 대인관계를 위한 대화법과 협동심을 키우는 방법을 보여주어야 한다.

모든 사람이 제각기 다르며 같은 사람이라 하더라도 상황에 따라, 감정에 따라, 환경에 따라, 분위기에 따라 행동이 달라지고 표현 방식이 달라질 수 있다.

아직 사고가 완벽하게 만들어지지 않은 어린아이의 행동에는 나름의 합당한 이유가 있다. 단지 이미 어른이 된 부모의 사고 및 행동방식과 달라 부모가 그것을 잘 이해하지 못할 뿐이다.

이런 차이를 이해하고 수용하지 않으면 부모가 일방적으로 아이를 다그치게 되고 명령하게 되며 급기야 서로가 상처를 입게 되는 것이다. 비록 아이가 가정에 기여하는 비중이 낮을지라도 장래에 아이는 무한한 잠재력을 가지고 있고 사회에 큰 기여를 할 인격체라는 것을 전제하고 아이와의 대화, 아이와의 놀이 등을 고려하여야 한다. 고함치고 혼내면서 감정적으로 벌을 주거나 부모 말에 무조건 따르게 하는 일은 아이가 올바르게 성장하는데 도움이 되지 않는다.

대개 자녀 교육 방식은 방송이나 책, 주변 사람들의 의견 등의 방식에 따라 결정된다. 또한 그 시대의 자녀교육의 추세는 사회 구조와 정치적 흐름의 영향에서 벗어날 수 없기 때문에 생각보다 외부의 영향을 많이 받는다. 또 한 가지 기억해야 될 것은 부모가 된 자신이 부모로부터 어떻게 교육받아 왔는가 하는 것이 아이를 키우고 가르치는데 영향이 크다는 것이다. 따라서 아이를 어떻게 가르칠 것인가를 고민하기에 앞서, 자신이 어떻게 자랐는지 생각해 보아야 한다.

자기를 이해해야(습관과 행동방식, 긍정적인 생각과 부정적인 생각, 자신에게 바라는 점, 과거 나의 부모가 나를 다루는 방식에 있

아이의 기질을 이해하고 도와주기

어 바뀌었으면 했던 바람, 나의 부모가 나에게 했던 똑같은 방식으로 나도 아이에게 대하는가 하는 점 등) 자신의 아이에게 무엇을 기대하는지 아이가 어떠한 사람으로 성장하기를 바라는지 나는 왜 아이에게 그런 바람을 갖게 되었는지 알 수 있고 이 부분을 이해하게 된다면 아이와의 갈등이나 교육의 상당한 고민들은 해결할 수 있을 것이다.

아이의 기질을 이해하고 도와주기

"요즘시대에 걸맞는 자녀 교육 방식은 부모와 아이가
서로 존중하고 함께 규칙을 정하며 새로운 것에 대한
해결 방안을 사전에 협의하고 상호 협력을 위해 노력하는
민주주의적 방식일 것이다."

아이를 어떻게 키울 것인가?

교육방식은 훈육과
더불어 일관성이 있어야 한다

자녀의 교육방식은 무엇보다 자유의 한계를 어떻게 통제하고 조절하느냐에 따라 달라진다. 이는 권위주의적 방식, 자유방임주의 방식, 민주주의적 방식으로 구분할 수 있을 것이다.

권위주의적인 방식은 아이의 의견을 반영하지 않는다. 부모의 의지가 중요하고 아이는 무조건 따라와야 한다. 이러한 환경에서는 자기주도성과 자신감, 책임감이 수준 이하로 자라게 될 것이다. 아이는 의존적이 되고 권위에 굴복하는 약한 성격으로 자라게 된다.

자유방임주의적 방식은 아이에게 무한한 자유를 허락한다. 어떤 면에서는 부모로부터 행동을 규제받거나 통제받지 않아서 자유로워 보일지 모르지만 반면 아이는 자신에게 신경써주지 않는다는 오해와 소외감을 느낄 수 있다. 이렇게 자란 아이들은 대개 공격적인 성향을 갖고 있으며 지나친 자유로 많은 사고를 일으킬 수 있다. 장점으로는 마음껏 창의력을 키울 기회가 많아 자신의 생각과 감정을 자유롭게 표현하는 성향도 나타난다.

민주주의적 방식은 아이들에게 적절한 한계가 있는 자유를 허락한다. 책임에 대해 부모와 아이가 서로 상의하여 규칙을 정하는 협력적인 방식으로 서로 존중하는 자세와 책임감이 발달한다. 어떤 것이 절대적으로 옳다고 말할 수는 없지만 부모들이 어린 시절에 여러 가지 방식으로 경험한 결과에 따라 아이를 가르치고 성장하는데 영향을 끼치게 된다.

그러나 굳이 어떤 방식이 바람직한 것이냐고 질문한다면 요즘시대에 걸맞는 자녀 교육 방식은 부모와 아이가 서로 존중하고 함께 규칙을 정하며 새로운 것에 대한 해결 방안을 사전에 협의하고 상호 협력을 위해 노력하는 민주주의적 방식일 것이다.

엄마 아빠의 교육방식이 서로 다른 것은 당연하다. 다른 성별, 성격, 가치관, 교육방식, 자라온 환경 등이 당연히 영향을 주었기 때문이다. 부모가 아이를 키우는데 있어 서로 합의해야 할 교육의 일관성을 상의할 필요가 있다.

아이를 키우면서 뭔가 문제가 있다고 느끼거나 새로운 방식을 적용하고 싶다면 먼저 배우자에게 이야기하고 그에 대해 어떻게 생각

교육방식은 훈육과 더불어 일관성이 있어야 한다

하는지 물어보아야 한다. 그리고 합의가 되었다면 함께 자녀교육서를 읽거나 강좌에 참여하는 등 부부가 함께 공부하고 정보를 찾아 일관성을 가져야 한다.

배우자가 그런 시도를 거부하거나 배우자와 근본적인 견해차이가 있을 수 있다. 이런 때는 무리하게 설득하기 보다는 아이를 사랑하고 할 수 있는 최상의 것을 아이에게 주고 싶어 한다는 생각으로 문제라고 생각하기 보다는 허심탄회하게 대화하고 상대의 말을 귀담아 들어야 한다. 물론 나와 다른 교육방식이 부담스럽고 각자의 생각을 공유하기가 어렵겠지만 꾸준히 아이 교육에 일관성 있는 행동을 하기 위한 노력을 해야 할 것이다.

왜냐하면 나의 생각과 아이에 대한 교육방식이 백퍼센트 완벽히 옳은 것은 아니기 때문이다. 잊지 말아야 할 것은 아이를 위해 하는 모든 노력도 좋지만 부모 역시 좋은 부모가 되기 위한 자기 계발과 배우자와의 관계에도 주의를 기울여야 한다. 그런 모습들이 자녀 교육에 매우 큰 영향을 주기 때문이다.

부모가 행복해야 아이도 행복하게 되고 그와 같은 행복감을 느끼는 아이는 유치원에서 교사와의 관계도 좋을 것이고 또한 친구들과의 관계도 좋은 아이가 된다. 그런 아이는 창의성과 인성, 인간관계, 주의 집중력에도 뛰어난 능력을 보일 것이기 때문이다. 단 훈육에 있어서는 일관성을 가져야 한다. "훈계라는 말을 들으면 아마 벌을 주는 것이 먼저 떠오를지 모르지만, 훈계에는 더 많은 것이 관련되어 있다. 훈육은 긍정적인 의미로 사용되며 지식, 지혜, 사랑, 생명과 함께 언급된다."

따라서 부모의 훈육에서 훈계는 처벌을 포함할 수도 있지만 결코 지나치거나 가혹하지 않다는 의미가 있다. 사실 '훈계'라는 말이 주로 전달하는 의미는 교육이다. 부모는 사랑하는 자녀를 양육할 때 훈계를 통해서 판단력과 지혜를 갖도록 교육하기 때문이다.

예를 들면 아이들이 집 안에서 공을 던지며 노는 모습을 보고 엄마는 이렇게 말한다. "집에서 공 갖고 놀면 안 돼! 물건이 깨질 수도 있고 위험하단다." 아이는 아랑곳하지 않고 계속 공을 갖고 놀다가 탁자 위에 있는 예쁜 꽃병을 깨뜨리고 만다. 이 상황에서 엄마는 어떻게 할 수 있는가? 벌을 주거나, 잔소리를 하거나, 심지어 때려줄 수도 있을 것이다.

하지만, 이 때 마음을 가다듬고 아이를 포근히 안고 "아휴 ~ 다치지 않았니?"라고 말하며 마음을 다스리는 지혜가 필요한 것이 부모의 도리이다. 그렇게 되도록 평소에 부모도 연습을 해야 한다.

아이도 이 때 놀라서 당황스러워할 것이다. 그 후에 우선 엄마는 아이의 행동이 왜 잘못되었는지 가르쳐 준다. 이어서 부모가 정한 규칙이 꼭 필요하고 타당한 이유를 설명하면서, 부모의 말을 잘 듣는 것이 지혜롭다는 점을 일깨워 준다. 그런 다음, 그 말을 깊이 새기도록 아이에게 적당한 벌을 준다. 이를테면 아이가 한동안 공을 갖고 놀지 못한다는 점을 서로가 협의해서 정한다면 아이는 받아들일 것이다. 그러면 아이는 순종하지 않을 때 좋지 않은 결과가 따른다는 것을 깨닫는 지혜를 갖게 될 것이고 이러한 것이 훈계이며 더 나아가 훈육의 방법이 되는 것이다.

아이들이 자라면서 잘못된 행동을 해서 나쁜 결과를 겪을 때, 부모의 훈육은 아이들이 규칙과 원칙을 지키는 것이 얼마나 중요한지 일깨워 준다. 그와 같은 훈계는 부모님이 얼마나 나에 대해 깊은 사랑과 관심을 갖고 계신지 내가 아픈 일을 겪지 않기를 바라시는지를 알게 하는 교훈을 얻게 할 것이다. 아이는 옳은 것과 그른 것을 분별할 능력을 타고나지 않는다. 물론 양심은 타고나기는 하지만, 양심은 교육 즉 징계를 받을 필요가 있다. 한 참고 문헌에 따르면, "훈계"에 해당하는 그리스어 단어는 "아동 발달"이라고도 번역할 수 있으며 자녀가 책임감 있는 사람으로 자라도록 양육한다는 의미를 담고 있기도 하다.

　사랑에 기반한 훈육을 받는 자녀는 대개 안정감을 느낀다. 아이는 그런 사랑에 찬 훈육을 통해 자유에는 한계가 있고 자신의 결정과 행동에 좋게든, 나쁘게든 결과가 따른다는 것을 배우게 된다.

　훈계를 받으면 고통스러울 수 있지만, 훈계를 받아들이지 않을 때 후일 자녀의 습관 형성으로 겪게 되는 해로운 결과는 훨씬 더 고통스럽게 될 것이다.

　아이는 부모에게 순종해야 하며, 부모는 아이에게 가정에서 따라야 할 규칙을 어기거나 잘못을 하면 받게 될 처벌을 알려 주어야 하지만, 그것만으로는 부족하다. 실용적인 지혜가 있는 부모라면 자녀가 왜 순종해야 하는지도 이해하도록 도울 것이다.

교육방식은 훈육과 더불어 일관성이 있어야 한다

예를 들어, 자녀가 부모에게 예의 없이 말한다면 어떻게 해야 할까? 부모가 거칠게 말하거나 충동적으로 벌을 준다면 자녀는 수치심을 느끼거나 주눅이 들어서 당장은 공손해질지 모른다. 하지만 마음속에 반감이 남아 있어서 부모를 멀리하게 될 수 있다.

실용적인 지혜를 얻기 위해 노력하는 부모는 자녀를 훈육하는 방법과 훈계가 앞으로 자녀에게 미칠 영향을 생각할 것이다. 부모는 당장 화가 난다고 해서 성급히 훈계해서는 안 된다. 가능하면 다른 사람이 없는 곳에서 친절하고 차분하게 자녀와 이야기 해야 한다. 그처럼 친절하게 가르친다면 자녀의 마음을 움직일 수 있다. 자녀는 부모의 진실한 관심을 느끼고 부모를 더 존경하게 될 것이다. 그러면 앞으로 중요한 문제가 생길 때에도 거리낌 없이 부모에게 도움을 구할 것이다.

일부 부모들은 혹시라도 자녀의 마음에 상처가 될까봐 훈육하는 일을 꺼린다. 하지만 자녀가 적절한 가정교육을 받지 못하고 성장하면 어떤 일이 생길 수 있을까? 숙련된 조각가는 자신이 만들 조각에 대해 미리 생각한다. 무작정 깎아 나가면서 최고의 작품이 나올 것이라고 기대하지 않는다. 그와 비슷하게, 바른 가치관을 가진 부모는 시간을 내서 지혜를 사용하여 튼튼한 가정을 이루어 나간다.

최근 수십 년간 서구 여러 나라에서는 부모와 자녀의 관계에 엄청
난 변화가 있었다. 과거에는 부모가 주도권을 갖고 있었고 자녀는
부모의 말을 따랐다. 하지만 요즘 일부 가정에서는 사정이 완전히
달라진 것 같다. 예를 들어, 우리가 자주 접하는 다음과 같은 상황
을 생각해 보자.

엄마가 네 살짜리 아이와 함께 가게에 들어와 있다. 아이가 진열
된 장난감을 집으려고 하자 엄마는 "집에도 장난감 많잖아"라고 하
면서 아이를 달래 본다. 하지만 이내 엄마는 좀 더 단호하게 말했어
야 했다는 것을 깨닫는다. 아이는 "저거 사줘!" 하고 떼를 쓰기 시작
한다. 엄마는 사람들이 많은 곳에서 아이가 계속 울고불고 투정을
부릴까봐 겁이 나서 그냥 장난감을 사 준다.

아빠가 다른 사람과 대화를 나누는데 다섯 살짜리 딸아이가 "나
심심해. 집에 갈래!" 하고 말한다. 아빠는 하던 말을 멈추고는 딸을
보면서 "딱 5분만 더 있다 가자. 알았지?" 하고 달래본다.

아홉 살인 민철이는 선생님한테 소리를 질렀다는 이유로 학교에
서 또 혼이 났다. 민철이의 아빠는 그 말을 듣고 화가 났다. 아들한
테가 아니라 선생님한테 말이다. 그래서 아들에게 이렇게 말한다.
"왜 그 선생은 툭하면 널 혼내는 거야? 내가 교장 선생을 찾아가든
지 해야지 안 되겠다!" 물론 이 이야기들이 실제 상황은 아니지만

교육방식은 훈육과 더불어 일관성이 있어야 한다

그렇다고 현실과 동떨어진 것도 아니다. 오늘날 많은 부모는 자녀가 버릇없이 행동해도 내버려 두고, 자녀가 해달라는 대로 다 해 주며, 자녀가 잘못해도 대신 뒷수습을 한다.

『나르시즘에 빠진 세상(The Narcissism Epidemic)』이라는 책에서는 이렇게 기술한다. "요즘은 부모가 어린 자녀에게 권위를 내주는 것이 너무나 흔한 일이 되었다. … 얼마 전까지만 해도 아이들은 집안의 권위가 자신들이 아니라 부모에게 있다는 것을 알고 있었는데 말이다."

사실, 많은 부모가 자녀에게 올바른 가치관을 심어 주기 위해 애를 쓴다. 그들은 좋은 본을 보이려고 노력하고 필요할 때는 단호하면서도 애정 어린 훈육을 한다. 하지만 앞서 언급한 내용에서 지적하는 것처럼 그런 부모들은 "시대적인 흐름에 역행하는 것"이다.

어떻게 해서 상황이 이렇게 된 것인가? 부모들이 자녀를 훈육하지 않는 이유는 무엇인가?

PART 11. 아이를 어떻게 키울 것인가?

약해진 부모의 권위

일부 사람들은 1960년대를 기점으로 부모의 권위가 약해지기 시작했다고 말한다. 그 무렵, 전문가라고 자처하는 사람들이 부모가 자녀를 엄격하게 대해서는 안 된다고 목소리를 높였다. 그들은 칭찬과 훈육 사이에서 균형을 잡으라고 권하는 것이 아니라 '권위적이되지 말고 친구가 되어 주라', '훈계보다는 칭찬이 좋다', '자녀의 잘못을 바로잡으려고 하지 말고 잘한 것에 초점을 맞춰라'고 주장했다. 전문가들의 주장에는 부모가 혼을 내면 아직 감정이 예민한 자녀가 상처를 입고 훗날 부모에게 반감을 품을 것이라는 생각이 자리 잡고 있었던 것 같다.

얼마 안 있어, 전문가들은 갑자기 좋은 자녀 양육법을 발견했다는 듯이 자신감의 중요성을 역설하기 시작했다. 그들의 주장을 간단히 말하면 자녀가 자신감을 갖게 해 주라는 것이었다. 물론 자녀에게 자신감을 심어 주는 것은 중요하다. 하지만 '자신감 키워주기 운동'은 극단으로 흘러서 전문가들은 '자녀에게 "안 돼" 또는 "틀렸어"

같은 부정적인 말을 해서는 안 된다', '자녀가 특별한 존재이고 원하는 건 무엇이든 될 수 있다고 반복적으로 말해 주어야 한다'고 주장하기에 이르렀다. 어떻게든 자신감을 키워 주는 것이 실제로 올바른 사람이 되게 도와주는 것보다 훨씬 중요하게 여겨졌던 것이다.

하지만 일부 사람들은 '자신감 키워 주기 운동'이 가져온 부정적인 결과를 지적한다. 그 견해에 따르면, '자신감 키워 주기 운동'은 자녀들에게 세상이 자기들을 떠받들어야 한다는 잘못된 특권 의식을 심어 주기만 했을 뿐이라는 것이다. 또한 『나 밖에 모르는 세대(Generation Me)』라는 책에서는 그 운동의 결과로 많은 청소년이 "싫은 소리를 듣는 일이 다반사이고 때때로 실패를 경험할 수밖에 없는 현실 세계에 대처할 준비를 전혀 갖추지 못하게 되었다"고 기술한다.

그 책에서 한 아빠는 이렇게 말했다. "직장에는 자신감 키워 주기 운동 같은 것이 없다. … 엉터리 보고서를 제출했는데 보고서 색깔이 예쁘다고 칭찬해 주는 상사는 없을 것이다. 자녀를 그렇게 양육하는 것은 자녀의 앞길을 망치려고 작정한 것이나 다름없다."

갈팡질팡하는 견해

지난 수십 년 동안 자녀 양육법은 끊임없이 변하는 인간의 견해에 자주 영향을 받았다. 교육자인 로널드 G. 모리시는 이렇게 썼다. "사회가 계속 변해 감에 따라 자녀를 어떻게 훈육해야 하는지에 대한 생각도 계속 변하고 있다." 분명, 훈계에 인색한 오늘날의 풍조는 좋지 않은 결과를 초래했다. 부모는 권위가 약해졌고 자녀는 올바른 결정을 내리고 진정한 자신감을 갖는 데 필요한 지도를 받지 못하게 되었다.

출처: 『자녀 교육의 비결: 자녀를 책임감 있는 성인으로 양육하는 12가지 방법 (Secrets of Discipline: 12 Keys for Raising Responsible Children)』.

정말 좋은 부모일까?

다음과 같은 상황을 생각해 보도록 하자.

당신은 자녀를 위해서라면 무엇이든 하는 열성 엄마이다. 평일 방과 후는 물론이고 주말에도 자녀를 스케이트 레슨, 피아노 학원, 축구 교실에 직접 데려다준다. 자녀에게 도움이 될 만한 것은 무엇이든 시켜 준다. 그러다 보면 피곤할 때도 있지만 '그래도 아이는 자기가 내 인생의 전부고 내가 자기를 위해서 뭐든 해줄 거라는 걸 알거야. 엄마라면 이 정도는 해야지'라고 생각한다.

생각해 보자: 자녀를 위해 녹초가 될 때까지 뛰어다니는 부모를 보면서 자녀가 실제로 무엇을 배우게 될 것인가? 어른들 특히 부모가 자녀를 시중드는 사람에 불과하다는 생각을 갖게 되지 않겠는가?

이렇게 해 보아야 한다: 부모에게도 나름의 삶이 있다는 것을 자녀에게 알려 주어야 한다. 그러면 자녀는 부모를 비롯해 다른 사람을 배려하는 법을 배우게 될 것이다.

엄한 아빠 밑에서 성장한 당신은 자녀에게 그런 부모가 되고 싶지 않다. 그래서 아들에게는 기회가 있을 때마다, 심지어 칭찬받을 만한 행동을 하지 않았을 때도 칭찬을 해 준다. 당신은 이렇게 생각한다.

'어떻게든 자신감을 심어 줘야 해. 잘한다는 말을 자꾸 해 줘야 자신감도 갖고 성공도 할 수 있을 거야.'

단지 자신감을 키워 주려는 목적으로 사실이 아닌 칭찬을 해 주면 자녀가 실제로 무엇을 배우겠는가? 그렇게 무조건 자신감을 키워 주면 자녀에게 지금은 물론 훗날 어떤 해로운 결과가 있을 것인가?

만일 당신에게 여섯 살짜리 딸과 다섯 살짜리 딸이 있는데, 큰아이가 화를 잘 내는 편이다. 어제도 큰아이가 갑자기 화를 내더니 동생을 때렸다. 당신은 어제 상황을 떠올리며 이렇게 생각한다.

'혼내지 않고 그냥 타이르기를 잘했지. 왜 그런 나쁜 짓을 했냐고 혼냈으면 애가 상처를 받았을 거야.'

정말 여섯 살짜리 아이를 타이르기만 하는 것으로 충분한가? 자녀의 행동이 "나쁜 것"이라고 말해 주는 것이 정말 해로운 것인가?

자녀가 잘못을 하면 그에 맞는 훈육을 해야 한다. 사랑에서 우러나와 훈계를 하면 자녀는 잘못된 행동을 고치게 될 것이다.

분명 자녀를 키우는 것은 쉽지 않은 일이다. 하지만 꼭 필요한 상황에서 훈육을 하지 않으면 부모와 자녀 모두 더 힘들어질 뿐임을 머지않아 알게 되고 후회하게 될 것이다. 이유가 무엇인가? 훈육을 하지 않으면 (1) 자녀는 계속 제멋대로 행동할 것이고 부모는 지칠 대로 지치게 될 것이다. 또한 (2) 부모의 지도가 일관성이 없어져 자녀가 혼란스러워 할 것이다.

반면에 균형 잡히고 애정 어린 훈육을 하면 자녀의 사고력과 도덕성의 틀을 잡아 줄 수 있다. 그에 더해 자녀가 정서적으로 안정감을 느끼면서 올바르게 성장하는 데도 도움이 된다.

자녀들이 깊이 생각하고, 친절하게 행동할 때도 있기는 하지만, 어리석게 행동하는 경우가 더 많다. 따라서 자녀에게는 훈육이 필요하다. 이 사실을 기억한다면 부모로서의 역할을 더 잘 이행하게 될 것이다.

아이를 사랑한다면 혼내주기를 주저하지 마라

"사람은 무엇을 뿌리든지 그대로 거둘 것이다."

'아무리 균형 잡힌 훈계를 하더라도 혹시 자녀가 마음에 상처를 입거나 나중에 반감을 품지는 않을까?' 하고 걱정이 될 것이다. 그러나 걱정할 필요는 없다. 사랑에서 우러나와 훈육을 하면 자녀는 자연스럽게 상황을 받아들이는 법을 배우게 될 것이기 때문이다. 그러한 긍정적인 결과와 사례들은 주변에서 많이 볼 수 있으며 매우 교육적이다. 자신의 어린 시절을 생각해 보아도 당시에 부모님의 벌이나 훈계가 무섭고 두려웠지만 성인이 되고 아이를 가진 지금 돌이켜보면 인생을 살아가는데 참으로 많은 도움이 된다는 점을 새삼 느낄 것이다.

부모는 누구나 자녀를 보호하기를 원하고 또 마땅히 그래야 한다. 하지만 이 부분에서도 균형이 필요하다. 자녀가 잘못했을 때 대신 뒷수습을 해 주거나, 자녀가 저지른 큰 잘못을 교사나 다른 누군가가 알려 주었을 때 자녀를 감싸고도는 것은 자녀에게 아무런 득이 되지 않는다. 그런 사람을 적이 아니라 도움을 주려는 사람으로 여겨야 지혜롭게 자녀를 교육할 수 있다. 그렇게 할 때 자녀에게 부모를 포함해 어른들과 주변 사람을 존중하는 법을 가르쳐 줄 수 있다.

사랑을 나타내고 일관성 있게 행동하며 합리적인 태도를 보여야 한다. 부모는 결코 자녀를 억압해서는 안되지만, 또 다른 극단으로 치우쳐 제멋대로 행동하게 내버려 두어서도 안된다. 『특권의 대가 (The Price of Privilege)』라는 책에서는 "부모가 자녀를 마음대로 행동하게 내버려 두면 자녀는 집안의 권위가 어른에게 있다는 것을 깨닫지 못한다"고 말한다.

부모가 권위를 행사하지 않으면 십중팔구 자녀는 자기에게 권위가 있다는 착각에 빠질 것이다. 결국 자신과 부모에게 슬픔을 가져다줄 어리석은 행동을 하게 될 것이기 때문이다.

갈팡질팡하는 견해

부모가 기억해야 할 점

자녀를 훈육할 때 다음과 같은 원칙을 따른다면 부모로서의 책임을 잘 이행할 수 있을 것이다.

- 사랑을 나타낸다. "자녀를 분노하게 하지 않으면서 실망하지 않게 지혜롭게 사랑으로 훈육한다."
- 일관성 있게 행동한다. "교육은 훈육을 분명히 하는 것이다. 타협이 되는 것이 있고 절대 타협하면 안 되는 것이 있다는 것을 확실하게 알게 하고 행동하게 하는 것이다."
- 일관성 있는 태도를 보이라! "'안 된다고 해도 자녀가 도통 말을 듣지 않는다'고 불평하는 부모를 보면서 나는 속으로 피식 웃곤 한다. 사실 그 말은 아이보다 부모에게 문제가 있다는 점을 보여 주기 때문이다. 그런 아이들의 부모는 십중팔구 단호하게 '안 된다'고 말하지 못한다. 결국, 아이는 '안 된다'는 말을 받아들이지 못하는 것이 아니라 그 말이 진심인지 믿지 못하는 것이다."
  –존 로즈몬드, 『부모의 권위를 새로 세우라!(New Parent Power!)』

내 아이 제대로 보기

부모라면 어떤 특정한 잘못을 반복적으로 저지르는 아이 때문에 짜증과 분노가 일어나고 때로는 무력감에 사로잡힌 순간들이 있을 것이다. 아이를 키우는 부모라면 그런 상황을 피해갈 수 없다.

이런 갈등 상황에서 부모가 아이를 제대로 바라보고 있는가에 해결방법이 숨어 있다. 평소에는 지나칠 일을 부모의 기분이 나빠서 참지 못하는 경우도 있고, 주변 분위기나 자격지심으로 또는 사람들의 시선 등에 영향을 받아 행동하는 경우도 적지 않기 때문이다.

'내 아이가 왜 저런 못된 행동을 하게 되었을까? 내가 아이를 잘못 키우고 있는 게 아닐까? 부모로서 아이를 올바로 키우기 위해 저런 행동을 하지 못하게 해야겠어.' 라고 생각을 하고 행동으로 바로 옮기는 경우가 있다. 이때 타인의 시선이나 자격지심이나 분위기를 생각하기 전에 아이가 어떤 상황에서 어떤 이유로 왜 그런 행동을 했는지 이해하려 하고 아이의 생각을 묻고 적절하게 대응할 수 있어야 한다.

아이의 행동에 담긴 숨겨진 메시지를 읽어보려 노력해야 한다. 즉 아이가 원하고 필요로 하는 게 무엇인지 알아내려는 것을 우선적인 목표로 삼아야 한다. 대부분 아이의 문제 행동들이(귀찮게 구는 것) 부모의 관심을 받기 위해 신호를 보내는 것일 가능성이 높기 때문이다.

문제 행동 뒤에 숨겨진 진실

아이들은 종종 자신의 존재 자체가 무시되고 있다고 생각한다. 특히 동생이 있거나 손님이 와 있다면 눈길조차 주지 않아서 엄마 아빠가 나를 소중하게 생각하지 않고 심지어 사랑하지 않는다는 그릇된 결론을 토대로 아이는 부모에게 관심과 사랑을 받기 위해 문제를 일으키기 시작한다.

동생에게 부모의 사랑을 빼앗겼다고 생각하는 아이는 부모의 주의를 끌기 위해 귀찮고 성가신 행동을 하면서 주의를 환기시킨다. 이때 꾸짖거나 동생하고의 좋은 관계를 강요하는 방법으로는 아이의 문제 행동을 개선할 수 없다.

오히려 아이는 부모가 자신의 행동에 동의하지 않음으로 이전보다 사랑을 덜 받는다는 생각이 굳어지게 된다. 이때 아이가 더욱더 기를 쓰고 성가시게 굴 가능성이 크다. 아이들은 사랑을 확신하지 못할 경우 기본적인 애정 욕구를 채우기 위해 전형적인 행동을 보인다. 의기소침해지거나 기싸움을 하거나 엄마 아빠가 귀찮을 문제를 저지르거나 앙갚음을 하거나 빗나간 목표를 향해 달려간다.

의기소침 : 무엇이든 못한다는 핑계를 대고 아무것도 하지 않으려 하면서 응석을 부리고 뭐든 스스로 할 수 없고 엄마 아빠가 도와주어야 한다고 고집을 피운다.

기싸움 : 이유 없이 마구 조르며 근거 없이 화를 내기 시작하고 당연히 해야 할 일을 하지 않거나 엄마 아빠의 상황을 전혀 고려하지 않는 행동을 한다. 게으름을 피우며 성의 없는 태도를 보인다. 심지어는 거짓말까지 하면서 기싸움을 하려한다.

귀찮은 문제를 저지르기 : 고의적으로 못되게 굴고 미운 짓들을 일부러 하면서 관심을 최대한 끌려고 한다. 어른들의 대화에 계속 끼어들고 어떠한 상황에 관계없이 방해하고 이상한 소리를 내기도 하며 계속 바보같이 행동하거나 지나치게 웃어대기도 하고 자기가 지어낸 노래를 큰소리로 부르기도 하며 매우 순진하고 귀여운 척 하는 모습을 보이기도 한다. 그리고 갑자기 예쁜 짓으로 관심을 끄는 행동도 하지만 관심을 끌지 못하면 곧바로 관심을 끌기 위한 다른 행동을 보인다.

앙갚음 : 갑자기 난폭해지며 성난 눈길로 부모를 바라보고 일부러 모욕적인 말을 하며 다른 사람들 앞에서 엄마나 아빠를 웃음거리로 만들고 부모가 도와주려 하면 매몰차게 거절하고 심지어 욕을 하기도 하고 엄마 아빠를 때리려 한다. 관철되지 않으면 아주 큰 소리로 울며 더러운 바닥에 굴러대기도 한다.

이러한 행동들은 그것이 발생한 상황 속에서 부모와 아이가 겨루는 '승부'인 셈으로 대개는 불쾌한 상황이 형성된 시점에서 이미 시작된다. 그리고 부모와 아이는 급속히 서로에게 실망을 주는 관계로 휩쓸리고 부모가 최초에 받은 감정적인 충동에 빨리 굴복할수록 문제는 더 위력적으로 다가온다.

만일 아이가 무엇인가를 던졌다면 엉겁결에 던진 것을 맞받아치면 '승부'에 휘말리게 된다. 이때 아이는 놀이라고 주장하겠지만 이 놀이에 휘말리면 서로에게 상처가 될 가능성이 크다. 아이가 왜 물건을 던졌는지 생각해 보자. 그리고 아이에게 물어봐야 한다. 왜 엄마 또는 아빠에게 이 물건을 던졌는지 아이는 어떠한 이유로든 끊임없이 메시지를 보내고 있는 것이다.

아이의 이러한 행동은 부모의 화를 돋으려고 하는 게 목적이 아니다. 자신의 욕구를 충족하려는 자연스러운 성장과정의 행동이다.

중요한 점은 아이의 행동 뒤에 어떤 목적을 위해 그런 행동을 하는 지를 파악하고 이해하려는 노력이 중요하다는 것이다. 그리고 아이가 어떤 메시지를 엄마에게 보내고 싶은지 물어보고 아이가 지신의 입으로 표현하게 하는 것이다. 이러한 과정만으로도 아이의 욕구는 상당부분 해소가 될 것이다.

아이의 성가신 행동에 흥분하고 화를 내며 대응하지 않은 것만으로도 분노하거나, 아이에게 실망하거나, 후회하게 될 말과 행동을 하지 않게 되고 부모나 아이의 자존감 손상을 막을 수 있게 된다. 그러면 가장 적절한 대안을 이성적으로 찾게 되고 결과는 매우 만족스러울 것이다.

아이와의 대립이 있을 때, 쉽게 흥분하거나 감정이 앞서 혼을 내거나, 잔소리를 퍼붓거나, 상황이 귀찮아서 대충대충 양보해서 문제를 마무리하거나 하는 것은 전혀 도움이 되지 않는다.

그러한 방법으로 상황이 마무리 되었다고 해도 다음에 같은 상황이 오게 되면 분명히 아이는 좀 더 지능적인 방법과 행동으로 부모의 생각과는 전혀 다른 방법으로 성가시게 할 것이다.

그러한 행동의 결과는 아이가 부모로부터 존중받고 있거나 관심과 응원을 받지 못하고 거부당하고 있다고 생각하고 최소한의 성가

문제 행동 뒤에 숨겨진 진실

신 행동을 통해서 부정적인 관심이라도 받으려 하고 무관심 보다는 그나마 그게 낫다고 생각하고 하는 행동들임을 기억해야 한다. 이러한 문제를 해결하는 핵심은 부모의 지혜로운 관심이다.

주의해야 할 점은 어떠한 상황에서도 아이를 비난하거나 무시하는 식의 대응은 피해야 한다. "넌 그게 문제야!", "넌 항상 멋대로야!", "그렇게 해봐야 소용없어!"와 같은 나무람은 아이의 행동을 바꾸는 데 전혀 도움이 되지 않는다.

이러한 대응은 오히려 아이에게 앙갚음을 하려는 의지를 불태울 뿐이다.

아이는 끊임없이 부모에게 자신이 어떤 존재인지 확인하고 싶어함으로, 평소에 아이가 소중하다고 느낄 수 있게 보여 줄 기회를 찾아야 한다. 그것은 대단한 것이 아니라 아주 사소한 행동들로 애정 표현을 자주 하는 것으로 충분하다.

다루기 힘든 아이의 부모 역할

"오늘 유치원에서 무엇을 배웠니? 재미있었니? 잘했니?"

유치원을 마치고 데리러 갔을 때 맥없이 차에 오르는 아들에게 엄마가 묻는 말이다. 아이는 눈살을 찌푸리며 못 들은 척한다.

"안 좋은 일이 있었구나. 얘기 좀 해 보겠니?"

하고 엄마가 부드럽게 말한다.

"상관하지 마세요."

투덜거리며 대답한다.

"그냥 걱정이 돼서 그래. 얼굴이 별루 안 좋아 보이는걸. 엄마가 어떻게 해주면 좋을까?"

"아무 것도 필요 없어요! 신경 쓰지 마세요! 엄마가 싫어요. 여기에서 살고 싶지 않아요, 죽고 싶어요!"

하고 소리친다.

"얘 건우야!"

하고 엄마가 놀라면서 계속 이렇게 말한다.

"엄마한테 그게 무슨 말 버릇이야. 또 그러면 매 맞을 줄 알아! 난 그냥 널 위해서 한 말이야. 네가 왜 그러는지 모르겠구나. 엄마가 말하거나 하는 건 다 싫다고 하니."

하루 일로 정신이 어수선하고 몸이 녹초가 된 엄마는 어쩌다 건우가 저 모양이 되었을까 생각하며 혼잡한 차량 사이를 이리저리 빠져나간다. 마음이 혼란스럽고 무력감이 들고 화가 나면서 아들이 원망스러운 동시에 죄책감이 끊임없이 밀려온다. 오늘 유치원(학교)에서 무슨 일이 있었는지는 차라리 모르는 것이 낫겠다. 교사에게서 또 전화가 올 것이 뻔하다. 이렇게 도저히 감당할 수 없는 때가 더러 있다.

이처럼 단순해 보이는 일이 점차 걱정이 따르는 극심한 감정적 고통으로 심화된다. ADD/ADHD나 그 외의 이유로 "다루기 힘들다" 는 낙인이 찍힌 아이들은 문제에 부딪힐 때 성격상 상당히 격한 반응을 나타낸다. 그런 아이들은 쉽사리 폭발 상태에 이르는 경향이 있어, 부모를 화나고 당황하게 하며, 결국 지쳐 버리게 한다.

대체로 이런 아이들은 총명하고 독창적이며 극도로 예민하다. 이들은 건강한 아이들이며 다만 일반적인 아이들에 비해 보통 이상의 관심과 호기심을 갖고 있어서, 그 결과 각별히 깊은 이해를 필요로 함을 인식하는 것이 중요하다. 그런 자녀를 기르는 부모들이 효과를 본 몇 가지 원칙과 방안은 다음과 같다.

첫째, 자녀의 화를 돋우는 상황과 요인을 파악할 줄 알아야 한다. 감정적으로 대립하는 상황이 생기기 전에, 자녀에게서 어떤 징후가 보이는지 부모가 살펴서 즉시 개입하는 것이 필수적이다. 욕구 불만의 상승이 표출되는 얼굴 표정과 자신이 처한 상황에서 헤어나지 못하는 모습을 보면 금방 알 수 있다.

상냥한 말로 자녀에게 자신을 제어할 필요성을 일깨워 주거나, 필요한 경우 그 상황에서 벗어나게 해주는 것이 도움이 될 수 있다. 예를 들면, 냉각기간을 갖는 것도 효과적이다. 그것은 처벌의 일종이라기보다 자녀와 부모 모두가 평온을 되찾아 합리적으로 문제를 다루기 위해서이다.

앞서 나온 예에서, 건우는 간단한 질문에도 지나친 반응을 보였다. 이것은 건우로서는 늘 하는 행동이었다. 부모는 자녀가 유독 자기들한테만 화를 내고 분개하는 것으로 받아들이기가 쉽지만, 이런 아이들은 스트레스가 일단 한계에 다다르면 흔히 포용력(이성)을 잃는다는 점을 반드시 깨달아야 한다.

그러므로 통찰력을 가지고 행동하는 것이 중요하다. 건우의 경우, 엄마는 일단 뒤로 물러서서 아들에게 자신을 제어할 시간을 줌으로써 상황을 진정시킬 수 있고. 그리고 아마도 나중에 그 날 일에 대해 이야기를 나눌 수 있었을 것이다.

압박감에 눌린 아이들

현재 세계의 모든 가정이 겪고 있는 환경을 비롯한 다양한 문제와 자녀를 양육하는데 압력과 걱정거리 같은 것들을 이전에는 겪은 적이 없었다. 시대가 달라지고 기대치가 높아져 아이들에게도 더 많은

문제 행동 뒤에 숨겨진 진실

것을 요구한다. 이 문제에 관해, 『착한 아이, 나쁜 행동(Good Kids, Bad Behavior)』이라는 책은 이렇게 기술한다. "아이들이 겪고 있는 것으로 보이는 많은 문제는 변하는 사회적 기대에 기인하거나 그 영향을 받은 것일 수 있다." ADD/ADHD에 걸린 아이들에게는 학교가 악몽이 될 수 있다.

자신의 무능을 극복하려고 안간힘을 쓰면서, 그들은 적대적이고도 위험하게 보일 수도 있는 분위기 속에서 빠른 속도로 변화를 거듭하는 폭발적인 과학 기술의 발달에 적응하도록 강요받는다. 아이들은 정서적으로 너무나 미숙해서 이런 모든 문제를 처리할 수가 없는 것이다. 그들에게는 부모의 도움이 필요하다.

마찰을 줄여라

활달하고 심리적으로 건강한 아이로 키우려면, 질서 있고 안정된 분위기를 조성하는 것이 중요하다. 집안에서 마찰을 줄이는데 효과적인 계획은 생활양식의 단순화에서부터 시작할 수 있다. 이런 아이들은 충동적이고 주의가 산만하며 지나치게 활동적이므로, 부정적인 영향을 주는 지나친 자극을 줄일 필요가 있다.

한 번에 가지고 노는 장난감의 수량을 줄이거나 허드렛일이나 과제는 한 번에 한 가지씩 주어 그 일을 마치게 하는 것이다. 이런 아이들은 종종 혼란에 빠지므로, 일을 정리해 주면 좌절하는 일이 많이 줄어든다. 해야 할 일의 내용이 가짓수가 적고 완수하기가 쉬울수록 중요한 일을 처리하기가 그만큼 더 쉬워진다.

가정에서 스트레스를 줄이는 또 한 가지 효과적인 방법은, 여유가 있고 잘 짜여진 일과를 실행하게 함으로써 자녀로 하여금 안정감을 갖게 하는 것이다. 시간을 지키는 일보다는 일의 순서가 중요하다. 이것을 실천하기 위해 다음과 같은 실용적인 방법을 따를 수 있다.

간단하면서 균형 잡힌 정기적인 식사와 간식으로 적절한 영양을 공급하라. 잠자리에 들 때 돌보아 줄 일을 하면서 아이가 따뜻함과 인자함, 편안함을 느끼게 하라. 쇼핑은 극도로 활동적인 아이를 지나치게 자극할 수 있으므로, 미리 계획하여 상점을 너무 여러 군데 들르지 않도록 하라.(백화점이나 대형마트는 피하는 게 좋다) 식당이나 캠핑을 갈 때에는 품행이 어떠해야 하는지 자녀에게 설명하라.

정해진 일과를 따르게 하면, 특별한 욕구를 지닌 자녀가 충동적인 행동을 자제하는 데 도움이 된다. 더 나아가, 그렇게 하는 것은 부모로서 가급적 자녀의 행동을 예측하는 데도 도움이 된다.

일과의 짜임새를 의식하면서 체계적으로 규칙을 정하고, 거기에다 변명의 여지가 없는 규칙을 어겼을 때 오게 되는 결과도 포함시키는 것이 도움이 된다. 일관성이 있고 부모 양측이 합의한 명확한 규칙은, 아이에게 바람직한 행동반경을 제시하며 책임감까지도 가르친다. (부모와 자녀의 기억을 돕기 위해) 필요하다면, 규칙의 목록을 작성해서 잘 보이는 곳에 붙여 두라. 일관성이야말로 정서 안정의 열쇠이다.

자녀의 기호 즉 좋아하고 싫어하는 것을 파악해서 거기에 적응하면, 집안에서 불필요한 압력을 많이 줄일 수 있다. 이런 아이들은 흔히 엉뚱하고 충동적인 특이한 성격을 갖고 있기 때문에, 다른 아이들과 어울리는 것이 대단히 어렵다고 느낄 수 있다. 함께 사용하는 것들, 특히 장난감의 경우는 다툴 소지가 있으므로, 부모는 그러한 물건이라면 자녀가 자기 마음에 드는 것을 고르도록 허락할 수 있다.

더 나아가, 아이가 흥분하는 정도를 조절하기 위해 놀이 친구의 수를 적게 하고 지나치게 자극적이 아닌 활동을 생각해 내는 것도 다루기 힘든 아이의 낮은 감각 한계치를 제어하는 데 도움이 된다.

부모는 아이를 불필요하게 일정한 틀에 억지로 밀어 넣거나 끼워 맞추지 않음으로써 그 나름대로 자라게 하는 것이 중요하다. 아이가 싫어하는 음식이나 옷이 있으면 없애 버리도록 하라. 그런 사소한 문제를 가지고 다퉈 봐야 이로울 것은 하나도 없다. 근본적으로, 매사를 통제하려 들지 말라. 균형을 잡으라. 그러나 일단 결정이 내려지면, 상황에 따라 타협은 해서는 안 된다.

문제 행동 뒤에 숨겨진 진실

행동 단속 혼내주기
훈육과 학대의 차이를 알아야 한다

행동을 예측할 수 없는 아이들에게는 단속을 엄하게 하려는 경향이 있다. 그 결과, 자주 혼낼 수 수밖에 없는 많은 부모들은 죄책감에 시달리게 된다. 그러나 훈육과 학대의 차이를 식별하는 것이 중요하다. 『미묘한 경계선 – 훈계가 자녀 학대가 될 때(A Fine Line– When Discipline Becomes Child Abuse)』라는 책에는, 모든 신체적 학대의 21퍼센트는 아이가 공격적인 행동을 할 때 생긴다는 보고가 실려 있다. 그러므로 그 조사는 ADD/ADHD에 걸린 아이들이 "신체적인 학대를 당하고 등한시될 위험이 더 크다"고 결론 내린다.

부인할여지 없이, 특별한 욕구를 지닌 아이를 키우는 일은 스트레스를 많이 받는 일이겠지만, 아이를 단속하는 일은 합리적이고 균형 잡혀 있어야 한다. 이런 아이들은 대개 아주 영리하고 독창적이어서, 추리를 요하는 상황을 부모가 다룰 때 도전이 된다. 그런 아이는 부모가 아무리 명석한 논리를 펴도, 종종 거기서 무엇인가 흠을 잡아내는 데 명수다. 그렇게 하도록 내버려 두지 말라! 부모로서 권위를 유지하라.

다정하면서도 단호하게, 간단히 설명하라. 다시 말해서, 설명을 지나치게 하지 말며 협상의 여지가 없는 규칙에 대해 협상하지 말라는 것이다. 부모의 "예"는 예를, "아니오"는 아니오를 분명히 해야 한다. 아이는 차분한 외교관이 아니다. 따라서 아이와 협상을 하려고 하면 말다툼과 분노와 좌절이 생길 뿐이고, 심하면 고함과 감정적인 상처와 폭력으로 치달을 수도 있다.

마찬가지로, 경고를 너무 많이 해도 안 된다. 훈육이 필요할 때는 즉시즉시 해야 한다. 『부정적인 세상에서 긍정적인 아이로 키우는 법(Raising Positive Kids in a Negative World)』이라는 책은 "침착과 확신, 단호함이야말로 권위의 바탕"이라고 역설한다. 더 나아가 「저먼 트리뷴」지의 이러한 훌륭한 제안에 유념하라. "언제나 자녀의 주의를 끄는 방식으로 말을 건네도록 하라. 다시 말해서 이름을 자주 사용하고 눈의 접촉을 유지하며 표현을 간결하게 하라."

학대는 부모가 자제를 잃을 때 하게 된다. 부모가 고함을 지른다면 이미 자제를 잃은 상태이다. 따라서 우리가 무엇을 말하는가만 아니라 어떻게 말하는가도 깨닫는 것이 중요하다.

비난이 아니라 칭찬을

키우기 힘든 아이는 독창적이고 기발하며, 심지어 광적인 행동까지 하기 때문에, 부모는 아이를 책잡고 비웃고 꾸짖고 홧김에 구타하기 쉽다. 합리적인 징계는 신뢰심과 따뜻함과 안정감이 감도는 분위기를 조성한다. 따라서 훈계가 필요할 때에는 설명을 곁들여야 한다. 아이들은 시간을 두고 점진적으로 배우기 때문에 자녀를 훈련시킬 때, 즉각적인 해결책이란 없다. 자녀를 제대로 키우려면 많은 보살핌과 사랑, 많은 시간과 수고가 들며, 키우기 어려운 아이일 경우 특히 그렇다.

귀찮게 구는 아이를 다루는 문제에 있어서 가장 좌절하게 만드는 한 가지 면은, 아이가 지나치게 관심을 요구한다는 사실이다. 그들이 받는 관심은 적극적이라기보다는 소극적인 경우가 허다하다. 그러나 착한 행동을 하거나 일을 잘하였을 때, 그것을 얼른 알아차리고 칭찬을 한다든지 상을 주도록 하라. 그렇게 하면 아이에게 매우 격려가 된다. 부모의 그런 노력이 처음에는 과장되게 보일지 모르지만 그렇게 할 만한 충분한 가치가 있다. 아이들은 작더라도 즉각적인 상을 필요로 한다.

건우 아빠의 경험

우리 아들 건우는 유치원에 다니던 다섯 살 때 ADHD라는 진단을 받았습니다. 당시 우리는 소아발육과 전문의를 찾아갔는데, 그는 건우가 ADHD 환자임에 틀림없다고 확언하였습니다. 그는 우리에게 이런 말을 하였습니다.

"이것은 건우의 잘못도, 부모의 잘못도 아닙니다. 건우로서는 어떻게 할 수가 없지만 부모는 할 수가 있습니다."

우리는 그 말을 자주 떠올려 봅니다. 부모로서 우리에게는 아들이 ADHD에 대처하도록 도와야 할 크나큰 책임이 있다는 사실을 일깨워 주었기 때문입니다. 그 날, 의사는 읽어 볼 자료를 우리에게 주었습니다. 그리고 지난 3년간 얻은 지식이야말로 우리가 부모로서 건우에 대해 져야 할 책임을 다하는 데 중요한 역할을 하였습니다.

ADHD 자녀를 키우는 데 아주 중요한 일은 타당한 행동은 강화하고, 불량한 행동에 대해서는 경고하거나 필요하다면 벌을 주는 것입니다. 부모가 짜임새 있고 일관성 있게 하면 할수록 결과는 그만큼 좋아질 것입니다. 이 간단한 말이 ADHD 자녀를 키우는 데 아마도 주된 요소가 될 것입니다. 그렇기는 해도, 하루에도 수없이 그 일을 해야만 하기 때문에 말만큼 쉽지는 않습니다.

행동 단속 혼내주기 훈육과 학대의 차이를 알아야 한다

가장 효과를 본 방법은 냉각기간을 갖는 것입니다. 우리는 불량한 행동을 고치려고 냉각기간을 가질 때마다 더 적극적인 행동을 장려하는 강화 프로그램에 동시에 들어갑니다. 이 때 쓰는 강화 수단으로서는 칭찬 한마디, 포옹, 심지어 선물이나 특혜도 있습니다. 우리는 문구점에 가서 스티커를 붙이는 도표를 구입해서, 맨 위에 타당한 행동이 무엇인지를 써 놓았습니다.

건우가 타당한 행동을 하는 것을 볼 때마다 우리는 도표에 붙일 스티커를 줍니다. 도표가 꽉 차면, 가령 스무 개를 다 붙이면, 상을 주지요. 그 상은 공원에 가는 일과 같이 건우가 정말 좋아하는 일입니다. 이렇게 하면 잘하겠다는 동기가 건우에게 심어지니까 도움이 됩니다. 스티커를 붙이면 자기가 어떻게 하고 있는지 그리고 자기가 상에 얼마나 가까이 가고 있는지 스스로 파악할 수 있게 됩니다.

우리가 효과를 본 또 한 가지 방법은 건우에게 선택권을 주는 것입니다. 직접 명령하기보다 선택하게 하는 것입니다. 타당한 행동을 하든지, 아니면 자기의 선택에 대한 마땅한 결과를 거두게 되든지 둘 중에 하나입니다. 이렇게 하면 책임감과 올바른 결정을 내리는 법을 터득하게 됩니다. 상점이나 음식점에 가서 버릇없게 행동하는 것처럼 고질적인 문제일 경우에는, 스티커 도표를 사용할 수 있습니다. 그렇게 하면 건우는 타당한 행동을 하는 데서 오는 유익을 알게 되고, 우리에게서 자기가 개선되었다는 인정도 받게 됩니다.

대부분의 사람들은 행동과 반응을 조절하는 아이의 능력에 ADHD가 영향을 준다는 사실을 모르고 있습니다. 많은 사람은 이런 아이가 더 노력하면 할수록 주의를 지속하는 시간이나 그 행동을 조정할 수 있다고 생각하기 때문에, 아이가 그렇게 하지 못하면 부모가 비난을 받게 됩니다.

ADHD 아이가 수업시간 동안 가만히 앉아 있기란 신체적으로 불가능합니다. 건우가 다섯 살밖에 안 되었을 때, 매 수업 전에 울면서 '이번엔 언제까지 해야 되요' 하고 묻던 일을 우리는 결코 잊지 못할 것입니다. 수업 시간일 때는 소리 내어 엉엉 울곤 하였습니다. 그렇게 오래 앉아 있을 수 없다는 것을 알고 있는 우리는 마음이 아팠습니다. 우리는 이 병과 그에 따르는 제한들을 참작하지 않으면 안 됩니다.

현재 건우는 약물을 복용하지 않고 있으며 자기 나이에 맞는 학년에 있습니다. 건우도 이제는 희망에 부풀어 있습니다. ADHD를 극복할 수 있다고 생각할 때면, 건우는 감정이 북받쳐 눈물을 글썽이기도 합니다.

훌륭한 행동에 대해 상으로 줄 만한 것들

1. 칭찬 – 잘한 일에 대한 칭찬의 말. 착한 행동에 대해 사랑과 포옹과 따뜻한 표정과 함께 칭찬을 표현한다.

2. 도표 방식 – 잘 보이는 곳에 두고 예쁜 스티커나 별을 붙임으로써 착한 행동을 고무한다.

3. 착한 일 목록 – 바람직하고 칭찬받을 만한 일의 목록. 자녀가 무슨 일이든 잘할 때마다, 처음에는 아무리 하찮은 일이더라도 기록해 두었다가 가족에게 읽어 주자.

4. 착한행동 지표 – 아이의 나이에 따라 다르겠지만, 잘한 일이 있을 때 유리병에 콩이나 사탕을 추가한다(손으로 느껴지는 강화 방안). 그 목적은 득점 제도를 실시하여 포상하는 것이며, 그 상으로는 가족끼리 영화를 보러 가거나 스케이트를 타러 가거나 외식하는 것과 같은, 그렇지 않아도 가족이 하려던 일을 포함시킬 수 있다. 아이에게 "잘하지 않으면 안 갈 거야"하고 강조하기보다는 "잘하면 갈 거다"라고 말해 보라. 요점은 부정적인 사고를 긍정적인 사고로 변화시키는 것이다. 물론 변화가

일어나려면 어느 정도 시간이 걸린다.

행동 단속 혼내주기 훈육과 학대의 차이를 알아야 한다

"아이는 부모의 믿음과 격려를 통해 자라간다고 해도 과언이

아닐 것이다. 아이에게 믿음과 격려를 주기 위해서는 부모 자신

도 기본적으로 자신에 대해 자부심을 갖고 자존감을 가져야 한

다. 내가 잘하는 강점이 있고, 약점이 있지만 잘 해낼 수 있다는

믿음과 용기, 스스로에게 완벽을 요구하기 보다는 노력하면서

나아질 거라는, 실수를 줄여가면서 좋아지고 잘 할 수 있게

될 거라는 믿음이 필요하다."

아이의 자아존중감을
키워주는 노력

부모 먼저 자존감을 가져야 한다

최근 수십 년 동안 부모들은 아이들이 원하는 것을 다 해 주고, 아이가 칭찬받을 만한 일을 하지 않아도 무조건 칭찬해 주고, 잘못을 해도 시정을 하거나 혼내서는 안 된다는 말을 들어 왔다. 그러한 주장을 한 사람들은 아이가 자신을 특별한 사람이라고 생각하도록 도와주면 건전한 자존감을 가진 성인으로 자랄 수 있다고 생각했다. 하지만 결과는 어떠했을까? 『나밖에 모르는 세대(Generation Me)』라는 책에서는 이렇게 말한다. "자신감을 키워 주는 데 중점을 둔 양육 방식은 균형 잡히고 행복한 어린이가 아니라 자신이 제일이라고 생각하는 어린이들이 잔뜩 생겨나는 데 일조했다."

무조건 칭찬을 받으면서 성장한 많은 아이들은 실망스러운 일을 겪거나 비판을 받거나 때때로 실패를 경험할 때 잘 대처할 줄 모르는 성인으로 자랐다. 그런 아이들은 자신이 원하는 것에만 집중하도록 양육받았기 때문에 성인이 되어서도 지속적인 인간관계를 맺는 데 어려움을 겪으며, 그 결과 불안감과 우울감에 시달리는 경우가 많다.

자녀들은 자신이 특별하다는 말을 끊임없이 들을 때가 아니라 무언가를 실제로 성취할 때 진정한 자존감을 갖게 된다. 자신을 믿는 것도 중요하지만 그에 더해 특정한 기술을 열심히 배우고 연습하고 연마해야 한다. 또한 다른 사람의 감정과 필요도 생각할 줄 알아야 한다.

우리 인간은 누구 할 것 없이 마주치는 새로운 상황에서 언제나 용기가 필요하다. 부모로서 아이를 키우려면 참으로 용기가 필요하다는 점을 일상에서 많이 느끼고 공감할 것이다.

아이가 스스로 할 수 있도록 믿어줄 용기, 아이의 그릇된 행동들에 그건 안 된다고 엄하게 말할 냉철한 용기, 아이를 키우는 교육 방식에 다른 사람의 판단에 굴하지 않을 용기, 교육 방식을 이해하지 못하고 부모를 이해하지 못하는 아이의 반응에 의연하게 원칙을 고수할 용기, 내 자신이 잘 할 수 있다고 믿을 용기 등 아이를 양육한다는 것은 쉬운 일은 아니다.

그래서 부모는 누구나 될 수 있지만 아무나 좋은 부모가 되는 것은 아니다. 참으로 좋은 부모가 되는 것이 어려운 일이지만 그렇다고 실망하지 않기 바란다. 이 순간 이 책을 읽고 있다면 당신은 이미 좋은 부모가 되기 위해 노력하는 부모일 것이다.

부모 먼저 자존감을 가져야 한다

아이는 부모의 믿음과 격려를 통해 자라간다고 해도 과언이 아닐 것이다. 아이에게 믿음과 격려를 주기 위해서는 부모 자신도 기본적으로 자신에 대해 자부심을 갖고 자존감을 가져야 한다. 내가 잘하는 강점이 있고, 약점이 있지만 잘 해낼 수 있다는 믿음과 용기, 스스로에게 완벽을 요구하기 보다는 노력하면서 나아질 거라는, 실수를 줄여가면서 좋아지고 잘 할 수 있게 될 거라는 믿음이 필요하다.

이런 자세는 아이에게도 지나치게 많은 것을 요구하고 실망하지 않게 되는, 현명하고 지혜롭게 생각하고 행동하게 되는 부모와 자녀가 함께 갈 수 있는 행복의 지름길이기 때문이다.

이러한 부모의 자존감은 아이의 자존감에 큰 영향을 주게 된다.

아이의 자존감을 키우는 격려

　자존감이 약한 아이들은 칭찬 받는 것을 부담스러워하고, 주변에서 칭찬을 하면 떳떳하게 받아들이지 못해 자기 자신을 오히려 깎아내리려고 한다. 자신을 좋게 표현하고 말하는 것을 몹시 부끄러워한다. 눈을 마주치는 것을 부담스러워하고, 대화할 때 시선을 피한다. 이러한 자존감이 낮은 아이는 타인을 격려하거나 인정하는 일에 아주 인색하고 부정적인 방식으로 표현할 가능성이 크다.

　그래서 부모가 자존감 있는 태도로 양육하는 것이 얼마나 중요한지 공감할 것이다. 자신과 타인의 단점과 부정적인 면만을 보고 말하기 보다는 타인의 장점을 찾아내고, 긍정적인 측면을 우선적으로 보고 말하려하고 격려나 동기 부여할 방법을 찾기 위해 의식적으로 노력하는 면을 아이에게 보여주고 따라 하도록 노력해야 한다. 어린 시절 경험하는 말과 행동은 성장하면서 매우 큰 영향을 주기 때문이다.

　부정적인 말을 많이 듣고 자란 아이든 긍정적이고 격려의 말을 많이 듣고 자란 아이든 저마다 내면에 각자 경험의 뿌리를 깊이 내리게 되고 어른이 되어가는 과정에서 두고두고 영향을 받게 된다.

한 가지 주의할 점은 격려와 칭찬은 동의어가 아니라는 점이다. 한동안 많은 교육서와 교육관련 강의에서 마치 칭찬이 교육에서 가장 중요한 부모의 태도인 것처럼 강조 되었던 적이 있었다.

칭찬은 칭찬하는 사람의 평가 기준이지 모든 사람이 동의하거나 합의한 것이 아니다. 부모 입장에서 흡족한 결과가 아니라, 아이 입장에서 기존의 기준을 넘어 발전된 점이 있는가 하는 것으로 잘했다 못했다 평가해야 하는 것이다. 예를 들어, 무조건 칭찬하거나 결과가 있을 때만 칭찬하는 경우, 즉 '잘했어, 역시 넌 천재야, 넌 똑똑해, 넌 머리가 좋아, 넌 타고난 재능이 있어' 등과 같은 칭찬은 아이를 '평가목표성향'을 가진 아이로 성장하게 된다. '평가목표성향'을 갖게 된 아이는 실패나 좌절이 있을 때 쉽게 포기하고 도전하는 것을 두려워하고 동기부여가 잘 되지 않는다.

즉 격려는 '객관적으로 바라보는 것'이다. 아이가 이룬 결과 뿐 아니라, 기울인 노력, 포기하지 않은 끈기, 열정, 열망, 그 과정으로 만들어진 발전된 결과를 종합하여 평가하는 것이 바로 격려인 것이다.

지금까지의 경험보다도 앞으로 새로운 도전을 할 필요가 있을 때 특히 격려가 필요하다. 또한 격려는 아이가 실패를 하거나 위축되었을 때 더 많이 필요하다. 부모가 지나친 완벽을 추구하거나 결과에 치중하기 보다는 약점과 실패 역시 경험해야 할 일이고 존중 받을 필요가 있는 과정임을 인정하는 것이 필요하다. 아이의 실패와 실수, 약점, 단점이 문제가 아니라 이러한 점을 대하고 표현하는 태도가 문제가 된다는 점을 기억하면 좋겠다.

아이의 자존감을 기우는 격려

경험을 통해 아이가 스스로 배우도록 돕는다

배우고 깨우친다는 것이 누군가의 가르침에 의해서 배우는 것도 있지만 경험의 결과로 깨우치고 이해해야 더 좋은 결과를 갖게 되는 것도 있다는 것을 인정하는 것이 필요하다.

아이가 심하게 뛰어갈 때, 밥을 안 먹고 딴청을 피울 때, 약속을 지키지 않을 때, 운동화를 제대로 신지 않을 때, 늦잠을 자서 유치원에 늦을 때, 스마트 폰으로 게임이나 애니메이션을 심하게 볼 때, TV를 너무 가까이에서 볼 때, 위험하게 놀이를 할 때(난간에 매달리거나 위험한 도구를 사용해서 놀이를 할 때), 대중식당이나 목욕탕에 갔을 때, 중요한 물건을 파손했을 때 등 아직 일어나지 않을 일을 미리 예측을 하고 걱정해서 교훈을 하려 한다면 아이는 잔소리로 생각하고 주의를 기울이지 않게 될 것이고 오히려 반발심을 키우게 된다. "왜 하지도 않은 일을 미리 저렇게 말을 하지? 내가 바보인줄 알아? 나도 잘 할 수 있다고… 치~~!"

이런 교육 방식은 결과적으로 어떤 문제가 생길 경우 부모를 원망하는 어이없는 결과로 발전한다. "왜 엄마는 미리 말해주지 않은 거야? 그래서 이렇게 된 거잖아요… 씨~!" 아이가 자신의 경험을 통해 배울 수 있게, 스스로 깨우치며 성장할 기회를 주는 것도 필요하다.

경험적인 결과로 효과를 보려면 아이가 스스로 초래한 결과로부터 느낄 수 있도록 기다리고 과잉보호 하지 말아야 한다. 아이가 가족과 함께 식사할 때 딴청을 피우고 함께 하지 않는다면 함께 하자고 사정하거나 부탁하거나 심지어 밥을 먹으려고 밥그릇을 들고 쫓아다니면서 먹이려 하는 것은 전혀 도움이 되지 않는다. 오히려 무관심하게 함께 하지 않으면 나중에 따로 먹을 수 밖에 없다는 단호한 입장을 고수해야 한다.

그래야 아이가 경험을 통해서 함께 하는 것이 왜 중요한가를 인식하게 되고 이러한 경험은 사회성에 큰 영향을 미치게 된다.

그리고 되풀이 하듯 '해야 하고, 하지 말아야 한다'는 말을 하지 말자. 예를 들어 "뛰어다니고 장난하면 넘어지고 다쳐!"를 매번 반복적이고 습관처럼 말하게 되면 아이는 이렇게 말할 것이다. "오늘 엄마가 말 안 해줘서 넘어졌잖아요." 예상했던 결과가 실제로 나타나면 '에효~ 엄마가 그럴 줄 알았어!', '앞으로는 엄마 말 잘 들어 알았지~!' 등 뭔가 한 마디라도 하고 싶겠지만 이런 상황에서는 아이는

경험을 통해 아이가 스스로 배우도록 돕는다

잔소리로 받아들이고 오히려 효과를 반감시킬 수 있다.

경험을 통해서 배우는 과정은 부모의 개입을 최소화 했을 때 효과를 본다. 예상하거나 기대했던 결과가 즉시 나타나지 않더라도 기다리는 여유가 필요하다.

그러나 이러한 교육과정에서 논리적인 사고력을 배제해서는 안된다. 부모가 아이의 행동의 결과를 뻔히 알면서도 익숙했던 경험 결과가 나올 때까지 기다리는 것은 옳지 않다. 예를 들어 아이가 위태롭게 놀고 있거나, 놔두면 크게 다칠 수도 있는 상황에서 아이가 경험이 없어서 위험한 결과가 실제로 나타나게 해서는 안 될 것이다.

또한 공공장소에서 크게 소리 지르면서 떠들거나 남의 물건을 파손하거나 손을 대는 것과 같은 행동은 부모가 미리 가르치고 제제해야 한다. 아이는 아직 남을 배려하거나, 자신의 행동이 남에게 얼마나 피해를 주는지, 다른 사람을 배려하거나 감정이입하는 능력이 부족하기 때문이다.

논리적으로 사고하는 능력을 갖게 한다는 것은 부모가 아이의 행동 뒤에 있을 결과를 논리적으로 추론하고 적절한 행동을 제시하는 것이다. 이 때 아이에게 필요한 것은 자세하고 친절하며 설득력 있는 온화한 목소리와 진정성이다.

　이러한 과정에서 아이는 자신의 행동이 어디까지 허용되는지, 왜 그 상황과 장소에서 그래야 하는지를 논리적으로 사고하고 행동으로 보이게 된다. 이러한 노력은 아이와 부모가 좋은 관계를 갖고 유지하는데 중요한 과정이 될 것이다.

경험을 통해 아이가 스스로 배우도록 돕는다

나는 아이를 얼마나 믿고 있는가?

아이를 키우면서 아이에게 자신의 문제를 스스로 해결하도록 믿고, 자신이 책임을 지게하고, 아이가 혼자 잘 해낼 거라 믿고 맡기는 일이 얼마나 어려운 일인지 다들 공감할 것이다. 그래서 아이를 양육하는 것이 어려운 일이고 그토록 어려운 일을 하는 부모가 참으로 위대한 것이다.

항상 부모는 아이에게 가장 좋은 것을 주고 싶고, 잘 해주어도 부족하고 아쉽다. '더 좋은 부모를 만났다면, 더 많은 교육을 받은 부모에게서 태어났다면, 경제적으로 여유 있는 집 아이라면…' 등의 생각에 마치 죄인 같고 미안하고 부족한 것 같다.

아이의 행복에 무한한 책임감을 느끼기 때문에 그럴수록 관여하고 잔소리 하고 도와주어야 한다고 생각하는 것 같다. 그 어떤 지구상의 부모도 이러한 생각에서 자유롭지 못할 것이다.

하지만 언제까지 아이 뒤를 따라다니면서 문제를 대신 해결해 줄 수 있는 것이 아니기에 아이가 문제를 스스로 해결할 수 있는 힘을 만들어 주는 것, 힘을 갖게 하는 것은 어떤 유산을 남기는 것보다 소중하다.

　부모가 개입하고 싶은 충동이 강하게 들지만 문제 해결의 경험이 아이에게 있어야 한다. 아이들이 어리고, 경험과 판단이 부족하다는 생각이 들고 바른 해결책을 내리지 못할 것이라는 생각에 더욱 개입하고 싶어질 것이다.

　하지만 조금만 도와주고 기다려보면 생각보다 더 잘 해결한다는 것을 느끼게 될 것이다. 예를 들어 아이가 유치원에 다녀온 뒤 선생님과 가까이 앉고 싶고 관심을 받고 싶은데… 선생님 옆에 앉지도 못하고 관심도 받지 못한다고 말할 때, 엄마의 반응이 즉각적으로 엄마가 내일 선생님에게 말해 줄게, 엄마가 해결해 줄게 걱정하지 말라고 하기보다는, 충분히 아이가 그러고 싶은 마음을 공감해 주고, 네가 선생님의 관심을 끌기가 어려운가 보구나. 아이의 속상한 마음을 충분히 이해하고 있다는 점을 강조하고 그럼 선생님 옆에 앉으려면 그리고 관심을 끌려면 어떻게 해야 할까? 잘 생각해보자. 엄마가 도와줄게 라고 하는 접근이 더 효과적이다.

　이 후 엄마는 이점과 관련해서 선생님과 함께 엄마가 한 방법과 행동을 상의하고 선생님의 협조를 구하는 것이 지혜롭고 좋은 결과를 얻게 된다는 점을 알게 될 것이다.

　형제끼리의 문제나 가족과의 관계에서 문제가 발생 되었을 때에
도 부모가 참견하기 보다는 "너희끼리 한번 해결해 봐. 잘할 수 있
을 거야."라고 안내해 주는 것이 좋다. "자신의 말만 주장하고 고집
피우는 것이 아니라 한 사람씩 어떻게 하면 좋을지 말하고, 다음에
다른 사람이 자기 생각을 말해보는 건 어떨까?" 라고 제안을 하고
상대 말에 귀 기울여 의견을 듣는 것에 대한 중요성을 강조하고, 믿
고 지지하는 것이 더 좋은 교육 효과를 기대할 수 있다.

　이와 같이 어렸을 때부터 어려운 상황을 직접 극복해 보고, 스스
로 자신의 문제를 해결해 보는 경험이 필요하다. 부모가 개입해서
문제를 대신 해결해 주고 싶은 충동이 순간순간 들겠지만, 부모가
할 수 있는 것은 아이들이 스스로 방법을 찾도록 유도하고 도와주는
것뿐이라는 생각으로 아이가 잘 해결할 수 있다고, 이런 경험을 통
해서 앞으로 문제를 직면했을 때 다 잘 해결하게 될 것이라고 믿어
보자.

가정과 사회에서 지켜져야 할 약속을 지키는 아이

"약속을 가장 적게 하는 사람에게 투표해야 실망을 가장 적게 한다." 미국의 대통령 고문을 지낸 바 있는 고(故) 버나드 바루크의 말이다. 약속은 어기기 위해 있는 것 같다. 그러한 약속으로는 결혼 서약, 사업 계약, 자녀들과 더 많은 시간을 함께 보내겠다는 약속 등이 있을지 모른다. "약속을 얼마나 잘 지키는지를 보면 그 사람을 알 수 있다"는 귀에 익은 속담에 내포되어 있는 의미는 널리 무시되고 있다.

약속을 지키려는 의지가 전혀 없는 사람들이 많다. 그런가 하면, 지킬 수 없는 약속을 성급하게 하거나 단지 약속을 지키는 것이 귀찮다는 이유로 약속을 어기는 사람들도 있다.

예기치 않은 상황이 발생하면 약속을 지키기가 어려울 수 있다. 그러면 약속을 어길 경우 실제로 많은 해를 입게 될까? 약속을 심각하게 생각해야 할까?

언행일치라는 표현을 자주 사용하거나 듣게 되는 경우가 있을 것
이다. '말이 그러하면 사람도 그러하다'는 옛말이 있다. 그것은 남자
나 여자나 마찬가지이다. 자기의 말대로 약속을 지킨다고 알려진 사
람은 존경을 받는다. 약속을 잘 지키는 사람을 사람들은 신뢰한다.
당신은 약속을 잘 지키는 사람인가?

부모가 자녀에게 어떤 것을 사 주기로 하였다든가 어디로 데리고
가기로 하였다든가 어떤 기회를 주기로 하는 등 약속을 하였다가 그
것을 지키지 않을 때에 아이들은 기분이 크게 상한다. 문제는 기분
이 상하는 것으로 끝나는 것이 아니라 아이에게 습관이 되게끔 하는
기회를 주고 있다는 점에서 매우 끔찍한 것이다.

이 문제에 있어서 아이들은 성인들보다 더 자유가 있다고 생각한
다. 약속을 지키는 습관을 들일 적절한 시기는 유치원 때이다. 약속
을 지키고 안 지키고 하는 것이 그 사람의 본심이 어떠한가를 많이
알려 준다는 점과 그것은 또한 자신의 정신과 마음의 틀을 잡는 역
할도 한다는 점을 알아야 한다. 그것은 또한 오래 계속되는 성격을
이루는 것, 곧 앞으로 인생을 살아가면서 가족을 포함하여 다른 사
람에 대한 태도, 사물에 대한 견해를 형성한다.

'큰 일' 곧 아주 중요한 일이라고 생각하는 일에만 약속을 지키는

것으로는 충분치 않다. '큰 일'은 매일 혹은 매주 있지 않으며, 자신의 성품이나 신뢰성을 길러줄 만큼 자주 생기지 않는다. 자신의 약속을 지키는 것은 자주, 매일 행하는 일이어야 한다.

작은 문제에서 약속을 지키는 것이 큰 문제에 있어서도 약속을 지키도록 결심과 힘을 길러 준다는 것을 알아야 한다. 만일 아이가 작은 문제에서 믿음직하다는 평판을 얻음으로써 다른 사람들의 신뢰와 확신을 얻었다면, 큰 문제가 일어났을 때에도 그 평판과 그로 인한 유익을 간직하려고 노력할 것이다.

그러나 만일 작은 문제들에서 믿음이 없다고 한다면, 도대체 누가 그 사람에게 큰 문제에 대한 책임을 맡기겠는가? 우리 인간은 누구나 할 것 없이 자신의 권리를 보호받고 인정받아야 한다. 서로가 불편을 느끼거나 감정대로 표현하고 상대의 감정이 존중되지 않는다면 서로가 많은 피해를 입게 될 것이다.

그러한 사회는 매순간 자신과 가족을 보호하는데 쓸데없이 많은 에너지를 소모하게 될 것이다.

약속을 지키는 것 역시 정직성의 문제와 관련이 있다. 부모가 약속을 지키지 않을 때 아이는 심히 속상해 한다. 그리고 그 점을 자

가정과 사회에서 지켜져야 할 약속을 지키는 아이

연스럽게 배우게 되고 행동으로 발전하게 된다. 그렇다면 부모로서 당신은 약속한 것을 지키는데 철저한가? 약속을 지키는 면에 있어서 당신은 어떠한 부모인가?

만일 어떤 사람에게 무슨 일처리를 도와주겠다고 했거나 어떤 과정을 함께 해주겠다고 하였다면, 당신은 꼭 그 약속을 이행하려고 노력하는가? 만일 어떤 시간에 누구와 만나기로 약속하였다면, 제시간에 그 약속을 꼭 지키는가? 당신의 약속은 얼마나 확실한가? 잠시 자신이 살아온 삶을 뒤돌아보고 자문해 보자.

유치원에 다니는 시기는 약속을 지키는 사람이 되는 습관을 발전시키기 시작할 적절한 때이다. 당신이 약속을 지키는 사람인가 아닌가는 당신이 현재 내적으로 어떠한 사람인가를 잘 말해 준다. 그것은 또한 아이의 정신과 마음을 형성하는 데 영향을 준다. 또한 태도 즉 일생 동안 지속하게 될 성품을 만들어 낼 수 있는, 사물을 보는 방식의 틀을 잡아 주기도 한다.

"그의 약속들은 과거의 그 자신만큼이나 대단하였지만, 실행된 일은 현재의 그가 아무것도 아니듯이 아무것도 없다."

– 윌리엄 셰익스피어 작 「헨리 8세」

셰익스피어가 언급한 대단한 약속들이란, 16세기에 잉글랜드에서 막강한 정치적 권력을 휘둘렀던 잉글랜드의 추기경 토머스 울지가 한 약속들이다. 일부 사람들은 위와 같은 셰익스피어의 묘사가 오늘날 듣게 되는 대부분의 약속들에도 적용된다고 말할 것이다. 사람들은 많은 것을 약속받지만 지켜지는 것은 거의 보지 못하는 경험을 거듭거듭 하게 된다. 그러므로 모든 약속에 대해 회의적이 되는 것도 이해하기 어려운 일이 아니다.

가정과 사회에서 지켜져야 할 약속을 지키는 아이

약속을 지키는 아이, 그 시작은 가정에서부터

규칙과 약속을 지키는 것은 질서와, 안전, 사회의 화합을 만드는 능력을 길러준다. 우선 가정에서 규칙을 만들 때는 가족 모두가 참여하여 각자의 의견이 반영되어야 하고 규칙이 위반되었을 때의 결과에 대해서 모두가 인지하고 합의가 있어야 약속이 지켜지게 된다.

규칙은 쉽고 명확해야 한다. 모호하거나 그럴 수도 있고 아닐 수도 있다는 식의 해석은 곤란하다. 교육이란 타협이 되는 게 있고 절대 타협할 수 없다는 경계를 분명히 하는 것이다. 따라서 상황에 따라 변경이 되거나, 자주 규칙을 바꾸거나, 예외를 두거나 하면 오히려 역효과가 나기 쉽다.

아이가 바르게 상장하기를 바란다면 부모가 확고하고 단호한 행동을 보여주고 상호 존중하는 방법도 보여주고 배우게 해야 한다.

그렇게 할 때 아이는 올바른 방향 감각을 가지고 규칙과 예의를 익히고, 약속을 중요하게 생각하는 아이가 될 것이다. 아이의 행동이 다른 사람의 권리를 침해하거나 불편하게 해서는 안 된다는 점을 알게 하기 위해 단호하게 '여기까지 더 이상은 안 돼!', '규칙을 지키니까 엄마가 행복해!'와 같은 표현을 적절하게 사용하자.

분명하지 않은 한계. 일부 유치원 시기 아이는 어디까지 갈 수 있는지 알아보려고 규칙을 무시하기도 한다. 예를 들어, 어떤 잘못을 저지르면 특정한 벌을 주겠다고 부모가 말했을 경우, 자녀는 부모가 정말 말한 대로 하는지 보려고 그 한계를 시험할지 모른다. 그런 아이는 고집 센 반항아가 되어 가고 있는 것일까? 꼭 그렇지는 않다. 사실 부모가 말한 대로 일관성 있게 벌을 주지 않거나 한계를 분명하게 정해 주지 않았을 때, 규칙에 잘 순종하지 않을 가능성이 더 높다.

너무 엄격한 태도

일부 부모들은 규칙을 끝없이 만들어서 자녀를 통제하려고 한다. 자녀가 말을 듣지 않으면, 부모는 화가 나서 더욱더 많은 규칙을 지키게 만든다. 하지만 그렇게 하면 상황이 더 악화될 뿐이다. 『부모와 자녀 사이의 장벽 허물기(Parent/Teen Breakthrough)』라는 책에서는 "자녀를 통제하려고 하면 할수록, 자녀는 더 반항한다."고 설명하면서 이렇게 덧붙인다. "자녀를 통제하려고만 하는 방법은 마치

약속을 지키는 아이, 그 시작은 가정에서부터

부드러운 빵에 차갑게 굳은 버터를 펴 바르려는 것과 같다. 그렇게 하면 빵만 찢어질 뿐이고, 더 힘주어 바른다고 해도 해결되지 않는다."

올바른 훈계가 도움이 될 수 있다. 벌은 단지 고통을 주는 것인 반면, 훈계는 주로 가르치는 것과 관련이 있다. 그렇다면 자녀가 규칙을 따르도록 어떻게 가르칠 수 있을까?

분명히 알려 주기

자녀는 부모가 무엇을 기대하는지, 순종하지 않으면 어떤 결과가 있을 것인지 정확히 알 필요가 있다.

- **제안**: 집안의 규칙을 모두 한 번 적어 보자. 그런 다음 이렇게 자문해 보자. '내가 정해 놓은 규칙이 너무 많은가? 아니면 너무 적은가? 더는 필요 없는 규칙이 있는가? 자녀가 지금까지 나타낸 책임감의 정도에 맞게 규칙을 조정해야 하는가?'

일관성을 보이기

지난 주에 규칙을 어겼을 때는 그냥 넘어갔는데 이번 주에 비슷한 잘못으로 벌을 준다면, 자녀가 혼란을 느끼게 될 것이다. 만약 회사의 사장이 업무 규칙을 수시로 바꾼다면 일하는 사람들은 짜증이 날 것이다. 자녀들도 마찬가지다. 어떠한 규칙이 있는지 배우고 그 규칙이 변하지 않을 거라는 걸 알게 되면 안정감을 느낀다. 부모는 자녀에게 규칙을 어겼을 때 어떤 벌을 받게 될 것인지 일러 주고 정해진 벌은 꼭 받아야 한다는 점을 말해 주어야 한다.

- **제안**: 저지른 잘못과 직접 관련이 있는 벌을 주어야 한다. 예를 들어, 게임을 하고 노는 시간을 어겼을 때 더 일찍 게임을 하고 노는 시간을 종료하게 한다면 잘못과 직접 관련된 벌을 주는 것이다.

합리적이 되기

자녀가 책임감 있는 행동을 했다면 그만큼 자유를 더 줌으로써 융통성 있는 부모임을 보여 주는 것이다. 자녀를 훈육할 때는 자녀의 나이와 능력과 잘못의 정도를 고려해야 한다. 잘못을 저질러서 벌을 주어야 한다면 그 잘못과 직접적인 관련이 있는 벌을 주는 것이 대개 가장 좋다. 예를 들어, 자녀가 휴대폰을 사용할 때 지켜야 할 규칙을 어겼다면 한동안 휴대폰을 압수하는 것과 같은 벌을 줄 수 있다. 하지만 자녀의 사소한 잘못을 크게 문제 삼는 일이 있어서는 안 된다.

- **제안**: 자녀와 함께 앉아서 규칙에 대해 대화를 나누어 보기. 특

정한 규칙을 어겼을 때 어떤 벌이 따라야 하는지에 관해 자녀가 제안을 해 보게 할 수도 있을 것이다. 아이는 자신이 참여해서 정한 규칙을 훨씬 더 잘 따를 것이기 때문이다.

인격을 길러 주기

부모의 목표는 자녀가 단지 명령에 순종하게 하는 것이 아니라, 옳고 그른 것에 대한 내적 감각인 건전한 양심을 기르게 돕는 것이다.

자녀의 행동에 합리적인 한계를 정해 주고 그 한계를 지키게 하려면 시간과 노력과 인내가 필요하다. 그런데 아이들은 선천적으로 그러한 경계선을 넘어가 보고 싶은 충동을 느끼는 것 같다. 아이들은 어리기는 하지만 자기 나름의 생각과 욕망을 가지고 있으며 선천적으로 쉽게 잘못을 저지르는 경향이 있다.

사랑을 표현한다. 자녀는 부모가 자신을 사랑해서 훈육한다는 것을 알 때 부모의 가르침을 훨씬 더 잘 받아들이고 실천에 옮길 것이다.

인간이 살아가면서 약속이 지켜지지 않는다면 우리는 얼마나 크게 손해를 보게 될까? 모든 것이 약속으로 시작해서 약속으로 마무리 된다고 해도 부족함이 없을 것이다. 세상에 존재하는 크고 작은 약속들 가운데 그 어떤 약속도 중요하지 않은 것은 없다. 작은 약속을 소중하게 생각하고 잘 지키는 사람이 큰 약속도 잘 지켜 갈 것이라는 믿음이 있기 때문이다.

약속을 지키는 아이, 그 시작은 가정에서부터

"미래학자들은 제4차 산업혁명 시대의 인재에게

필요한 능력으로 비판적 사고능력(Critical Thinking),

의사소통능력(Communication), 협업능력(Collaboration),

창의력(Creativity)을 꼽는다."

글을 마무리하면서

부모의 최선의 노력이 절실히 필요한 때

지금 아이들에게 무엇을 가르쳐야 할까?

부모의 최선의 노력이 절실히 필요한 때

소니(Sony)의 설립자인 이부카 마사루는 『유치원 시기는 너무 늦다!(Kindergarten Is Too Late!)』라는 제목의 책을 저술하였다. 그 표지에는 이런 말이 있다. "당신 자녀의 학습 잠재력은 생후 2, 3년 동안이 가장 크다. 그러므로 기다리지 말라. 유치원 시기는 너무 늦다!"

인간잠재력성과연구소 책임자 글렌 도먼은 그 책의 머리말에서 이렇게 말하였다. "이부카 씨가 지은 훌륭하고 자상한 책은 결코 세상을 떠들썩하게 하는 중대 발표가 아니다. 그가 제시한 것은 단지 이런 점들이다. 즉 어린이는 아주 어려도 사실상 무엇이든 배울 수 있는 능력을 가지고 있다. 두서너 살 때는 의식적인 노력을 전혀 하지 않아도 배우는 것을 나중에는 힘겨운 노력을 기울여야 간신히 배우거나 아무리 노력해도 배울 수 없게 된다. 성인들이 힘겹게 배우는 것을 어린이는 즐겁게 배운다. 성인들이 매우 더디게 배우는 것을 어린이는 아주 빨리 배운다. 성인들은 배우는 것을 싫어하는 때가 있지만, 어린이는 먹는 것보다 배우는 것을 더 좋아한다."

유치원 시기는 너무 늦다고 말할 수 있는 이유에 대해, 이부카 씨는 그 시기가 되면 이미 어린이의 학습 능력이 가장 좋은 때가 지나갔기 때문이라고 말한다. 그러나 다른 이유도 있다. "심리학의 전 분야에서 가장 흥미진진한 발전 중 하나는 아기의 배울 수 있는 엄청난 능력에 대한 우리의 새로운 이해다."라고 예일대학교 교수인 에드워드 지글러 박사는 1984년에 보고하였다.

사실, 〈건강(Health)〉지는 이렇게 말한다. "아직 태 내에 있는 아기가 보고 듣고 맛을 분간할 수 있으며 감정을 '느낄' 수 있다는 것이, 새로운 연구 결과로 알려진 점이다." 분명히, 부모가 자녀를 가르치기 위해 아무리 일찍 시작해도 너무 이른 것이라고 할 수 없다. 부모는 자녀에게 책의 그림들을 보여주고 이야기를 읽어 줌으로써 시작할 수 있다.

이 책의 서두에서 언급된 유치원교육의 중요성과 가치에 대한 라즈 체티(Raj Chetty) 교수의 연구 내용을 다시 한 번 기억하면서 4차 산업 혁명의 시대의 유치원교육의 중요성과 가치를 조망하고 21세기를 살아갈 우리 아이들에게 도움이 되고 길잡이가 되어 의미 있는 교육이 되도록 하고자 한다.

라즈 체티(Raj Chetty) 교수가 유치원을 연구한 결과, 유치원 교육이 20년 후의 아이의 미래에 얼마나 영향을 미칠 수 있을까? 연구 대상은 1980년 미국 테네시주에서 유치원 교육을 받은 12,000명의 아동을 대상으로 연구되었던 것을 기억 할 것이다.

라즈 체티(Raj Chetty) 교수가 유치원 교육을 연구한 까닭은 바로 저소득층 아이들의 미래 때문이었다. 저소득층 아이들이 최고의 교사에게 최상의 유아교육을 받는다면 성인이 되었을 때 중산층으로 계층이동을 할 수 있을 것이다. 더 나은 세상을 만드는데 도움을 주고 싶다는 경제학자 라즈 체티(Raj Chetty) 교수가 유치원을 들여다본 이유였다.

미국의 예이지만 한 가지 중요한 키워드는 유치원교육이 갖는 가치와 중요성이다. 그건 우리가 그동안 생각하고 있던 교육과정에 상당한 의미를 부여하는 것이다.

결국은 우리 아이들이 제대로 성장하고 경쟁력을 갖추는 교육 전반에 걸쳐 중요하지 않은 교육과정이 없지만 특히 유치원교육이 얼마나 중요한지를 다시 한 번 생각하게 한다.

지금 아이들에게 무엇을 가르쳐야 할까?

　4차 산업혁명 시대로 접어들면서 인공지능과 로봇, 빅데이터와 클라우딩, 3D 프린팅과 나노·바이오 기술 등 거의 모든 지식정보 분야가 상상하기 어려운 속도로 발전하고 있다. 이러한 기술 혁신은 부모뿐 아니라 아이들의 삶도 서서히 바꾸어놓고 있다. 상상 속에서나 가능할 것 같은 인공지능과 인간의 바둑 대결이 이루어지고, 무인 자동차가 도로를 주행하며 증강현실(AR)과 책을 읽으면 눈앞에 영상이 펼쳐지고, 우리가 의식하지 못하는 사이에 이미 4차 산업혁명 시대를 깊숙이 경험하고 있고, 조만간 5차, 6차 새로운 시대를 맞이하게 될 것이다. 과거의 세대보다 더 빠르고 광범위한 변화를 겪으며 미래를 살아갈 아이들에게 우리는 무엇을 가르쳐야 할까?

　미래학자들은 제4차 산업혁명 시대의 인재에게 필요한 능력으로 비판적 사고능력(Critical Thinking), 의사소통능력(Communication), 협업능력(Collaboration), 창의력(Creativity)을 꼽는다. 이러한 능력은 다가올 미래를 예측하고 단편적인 사실에서 결과를 도출해내는 능력과 자발성을 말한다.

더불어 끊임없이 변화가 일어나는 세상에서 정서와 공감지능이 높은 리더가 각광받는 시대가 올 거라 강조한다. 비판적 사고능력은 의미와 목적에 대해 끊임없이 탐구하고 생각하는 능력이다. 의사소통능력과 협업능력, 창의력은 아이에게 지금 당장의 점수가 얼마나 되는지 몇 문제를 맞았는지 공부는 얼마나 했는지, 목표하고 있는 대학은 어느 대학인지, 그 수준에 도달하기 위해 치열하고 경쟁적으로 학원에 보낼 게 아니라 그보다 먼저 공감능력과 창의성, 관계회복능력, 도덕성, 인성, 감성교육에 힘써야 한다는 의미다.

이미 인공지능은 인간의 두뇌를 넘어섰다. 영어와 수학, 각종 대회에서 수십 개의 상을 받는 것이 장차 미래에는 경쟁력이 될 수 없다. 대신 인공지능이 인간보다 못하는 것은 바로 '공감하고 협업하는 능력'이다. 과거부터 수도 없이 되풀이되어온 주입식의, 개성 없이 누군가가 만들어 놓은 틀에 맞추고 채우기 위한 지금의 교육을 탈피하고 미래가 요구하는 핵심 역량인 공감능력과 창의성, 관계회복능력, 도덕성, 인성, 감성교육에 힘써야 할 이유다.

수업 시간에 언제든 자유롭게 질문을 던지고 '왜?'라고 물으며 자신이 알고 이해한 내용을 말로 설명하고 표현하며 주변 친구를 도와 가르치는 활동성을 갖는 것이다. 그 활동의 과정에서 상대를 인정하고 존중하며 친절하게 대하는 것도 함께 배워야 앞으로 살아갈 사회의 핵심 역량을 준비할 수 있다.

많은 부모들은 아이의 미래를 책임져야 하는 것처럼 치열하게 정보를 얻으려 이리저리 뛰어다니며 교육하고 경쟁하듯 키운다. 남부럽지 않게 잘 키워야 한다는 의무감에 사로잡혀 있기도 한 것 같다. 물론 부모이기에 충분히 공감한다. 하지만 이는 사실상 불가능하다. 능력을 개발하고 앞선 교육을 위해 비싼 사교육 기관에 보내는 것보다 더 중요한 것은 부모와의 상호작용, 공감능력과 의사소통능력, 관계성을 위한 관심과 배려를 경험하고 배우면서 사용하는 능력을 갖게 해서 표현의 활동성을 갖도록 하는 것이다.

'똑똑한 나'보다 '똑똑한 우리'를 원하는 시대가 왔다. 다른 사람과의 협업에서 시너지를 내는 나로 기준이 바뀔 때 경쟁력은 확대될 것이다. 어릴 때부터 '다름'이 모이면 강한 '도움'이 된다는 것을 경험하고 인정하는 협업의 긍정적인 가치를 스스로 느낄 수 있도록 해주어야 한다.

미래 사회는 더 복잡해질 것이고 사람들 간의 이해관계도 복잡해지게 마련이다. 따라서 사람과 사람을 연결하는 능력, 즉 관계성을

지금 아이들에게 무엇을 가르쳐야 할까?

가진 사람에게 기회가 오게 될 것이다. 심지어 대학의 브랜드가 더이상 중요하지 않게 되고 학과나 교수 개인이 브랜드가 되고, 가치의 기준이 될 것이다. 상대를 시기하고 질투하는 내가 아니라 상대의 우수함을 존중하고 인정할 줄 알며 친절하기도 한 나를 발견하고, 건강하게 '합의와 협업'을 이끌어 내는 내가 미래 사회에서 함께 하고 싶은 핵심 역량을 품은 사람일 것이다. 그래서 우리 아이는 미래 사회에서 이로운 사람이 되기 위해 그리고 미래의 핵심 역량을 갖춘 사람이 되기 위한 준비를 하려고 우리아이는 지금 유치원에 간다.

지금 아이들에게 무엇을 가르쳐야 할까?

📖 참고문헌

1) Brazelton, T. Berry, Sparrow, Joshua D., M.D. (CON), 2007,Perseys Books Group.

2) 『학습된 낙관주의』, Martin E. P. Seligman, 2008, 21세기북스.

3) 〈다큐프라임: 학교폭력 제2부 또 하나의 패밀리〉, 2013, EBS.

4) 『Multiple Intelligences and Adult Literacy』, Julie Viens & Silja Kallenbach, 2004, A Sourcebook for Practitioners.

5) 〈특선 습관 2부작 꼴지 탈출! 습관 변신 보고서〉, 2010, KBS1.

6) 하워드 가드너, 문용린 저, 2001, 김영사.

7) 『Pigman』(World Economic Forum), Geoffrey Allen, 2006, Routledge.

8) 『Partnership for 21st Century Skills, Becoming a 21st Century School or District: Use the 4Cs to Build Professional Capacity』, 2011, Edutopia.

9) 『유엔미래보고서 2050』, 박영숙, 제롬 글렌, 2016, 교보문고.

10) 『Beck, Linda "Szalavitz, Maia. Help at Any Cost: How the Troubled-Teen Industry Cons Parents and Hurts Kids"』, 2006, Library Journal. Reed Business Information.

11) 『다섯 가지 미래 교육 코드』, 김지영, 2017, 소울하우스지식채널.

12) 〈ADHD에 대한 한국〉, 김이진, 2017, EBS NEWS G

13) 『지능지수』, 『시사상식사전』, pmg 지식엔진연구소, 2017, 박문각, http://terms.naver.com/entry.nhn?docId=72354&cid=43667&catego-

ryId=43667.

14) 「K-WISC-Ⅳ에 나타난 ADHD 고위험군 아동의 인지적 특성에 관한 연구」, 허영애(울산대학교 석사학위논문), 2014.

15) 『IQ의 진실과 거짓』(Volume 1), 박세영, 1999.

16) 「Predicting long-term growth in students' mathematics achievement : The unique contributions of motivation and cognitive strtegies」, Kou M., Reinhard P., Stephanie L., Rudolf V. H., 2013, child development.

17) 『인간, 그 미지의 것(Man, the Unknown)』, 알렉시스 카렐, 1998, 문학사상사.

18) 「Dr. Fraser Mustard, world-renowned for work in early childhood development」(The Toronto Star. Toronto. Archived from the original on 2011-11-17. Retrieved 2011-11-16), Rushowy, Kristin, 2011.

19) 「Touchpoints : Birth to 3」, Brazelton, T. Berry, Sparrow, Joshua D., M.D.(CON), 2007, Perseus Books Group.

20) https://wol.jw.org/ko/wol/lv/r8/lp-ko/0(1970~2018) 인용.

21) Christof Horst Kess, 「Erzienhen」(2010년판), Klappenbroschur.

22) 〈욕의 반격〉, 2015, 지식채널e.